ACTUALITÉS MÉDICO-CHIRURGICALES
DES ARMÉES DE TERRE ET DE MER

DIRECTEURS :

BERTRAND
Médecin général de 1re classe
de la Marine.

GRALL
Médecin inspecteur général
des Troupes Coloniales.

NIMIER
Médecin inspecteur
de l'Armée.

Secrétaire : **Dr ED. LAVAL.**

EXPERTISE
DES
VIANDES MILITAIRES

EXPERTISE
DES
VIANDES MILITAIRES

BÉTAIL SUR PIED
VIANDES ABATTUES, SAINES ET MALADES

Conférences faites
à MM. les Médecins Militaires, Officiers d'approvisionnement
des Corps de troupes et Officiers d'administration
d'après les circulaires ministérielles
de Monsieur le Sous-Secrétaire d'Etat à la Guerre.

PAR

J. RAYNAL

Vétérinaire en premier, Officier acheteur et inspecteur
de la Boucherie Militaire de Toul,
Lauréat du Ministère de la Guerre et de la Société des Agriculteurs
de France, Médailles d'Or.

PRÉFACE DU Dr BONNETTE
Médecin-major de 1re classe
Chef de service au 39e régiment d'Artillerie
Lauréat de l'Institut.

Avec 16 figures dans le texte.

PARIS
OCTAVE DOIN ET FILS, ÉDITEURS
8, PLACE DE L'ODÉON, 8

1911

PRÉFACE

> « L'art de la guerre ne serait rien
> sans celui de subsister. »
>   VAUBAN.

> « Pour avoir une armée forte, il
> faut songer à son ventre. »
>   FRÉDÉRIC II.

Notre camarade et ami M. RAYNAL, vétérinaire
en premier, a réuni en ce livre les différentes conférences qu'il a faites aux médecins-majors, aux
vétérinaires militaires et aux officiers d'approvisionnement de la Place de Toul pendant quatre
années (de 1907 à 1910). Il a adopté l'ordre et le
plan prescrits par l'Instruction ministérielle du
6 novembre 1906, sans tenir compte de l'importance plus ou moins grande des questions traitées.

Ayant assisté pendant deux ans à ces conférences,
nous sommes heureux de rendre ici un public hommage à la haute compétence de l'auteur, basée
sur sa longue expérience d'acheteur pour la boucherie militaire de Toul (13 ans)[1]. Essentiellement

---

[1] La boucherie militaire de Toul est due à l'initiative du général Logerot gouverneur, aidé des généraux Jamont, Kessler et
Bonnet et du vétérinaire principal, D' Servoles.

pratiques ces causeries, complétées sur-le-champ par l'examen du bétail sur pied et abattu, ont orienté nos connaissances techniques vers une expertise méthodique et scientifiques de la viande de boucherie.

Ce livre est donc utile à tous les officiers soucieux du bien-être de leurs hommes; mais il est surtout indispensable aux médecins militaires qui, dans les petites garnisons, en Algérie, aux manœuvres, sont souvent appelés à examiner les animaux sur pied et abattus, et à prendre des décisions administratives, qui doivent être basées sur des connaissances théoriques et pratiques suffisantes.

Écrites dans un style sobre et clair, ces conférences n'entrent pas dans des détails trop techniques, mais visent surtout à solutionner d'une façon pratique ces grandes questions de la saisie des viandes tuberculeuses, de l'inspection méthodique des divers organes splanchniques, du transport du bétail, des diverses fraudes et de l'utilité des usines frigorifiques militaires pour l'alimentation des troupes de campagne. Le sujet de ces deux derniers chapitres est tout nouveau et du plus haut intérêt.

Dans l'examen sur pied, RAYNAL nous apprend de nombreux détails pratiques. Il insiste en particulier sur la façon d'apprécier l'âge des animaux

et sur leur état d'engraissement par les *maniements*
dont les trois principaux sont :

1° Le maniement du « cimier », qui indique la
graisse extérieure ou de couverture ;

2° Le maniement de la « brague » ou du moignon
scrotal, qui reflète la graisse intérieure ou de
rognons ;

3° Le maniement « du travers », saisi à pleines
mains au creux du flanc, qui annonce si la graisse
est bien infiltrée dans l'épaisseur des muscles et si
l'animal tombe « lourd ».

*

Avant l'année 1908, l'armée, avec ses faibles
prix d'achat, ne pouvait acquérir que des vaches
vieilles, épuisées par de nombreuses lactations, des
bœufs usés par le travail ou des taureaux trop
âgés ; actuellement, avec le taux élevé de ses
primes, elle mange la viande de tout le monde. Il
n'y a plus pour elle une qualité spéciale.

Depuis cette époque, la *viande à soldats*, provenant de vaches *troupières* restées légendaires par
leur maigreur et leur vieillesse, a donc été remplacée
par une bonne viande de deuxième qualité — *ni
trop grasse ni trop maigre*, — provenant d'animaux *faits*, assez bien *culottés*, tombant *lourds* et
fournissant une viande consistante et savoureuse.

L'état sanitaire de l'armée ne peut donc que gagner à cette heureuse substitution, car pour nous, *la tuberculose s'avale plus souvent qu'elle ne se respire* (CALMETTE).

Comme ses distingués confrères, VILLAIN, BASCOU, le Dr PAGÈS, le Dr MOREAU, GODBILLE et bien d'autres, RAYNAL s'efforce de réhabiliter la viande des jeunes taureaux (de 2 à 3 ans) qui, bien engraissés, « offrent au dépeçage des viandes si bien persillées que les fins connaisseurs, les bouchers eux-mêmes, s'y laissent prendre. » « Les muscles du taureau, écrit VILLAIN, éprouvent une moins grande déperdition de poids à la cuisson et *comme ils sont très épais, ils permettent de présenter des tranches volumineuses aux robustes appétits des jeunes gens de vingt ans.* » Cette chair sapide et nourrissante, qui alimente les tables des lycées, des pensionnats, des restaurants populaires, doit aussi alimenter les tables des casernes, car les soldats ont une horreur insurmontable pour les portions trop grasses.

D'ailleurs avec les parcimonieuses rations fournies, l'armée a tout intérêt à abattre beaucoup de jeunes taureaux très musclés et sans excès de graisse. Cette double qualité en fait pour ainsi dire la viande *de choix* du soldat.

Enfin RAYNAL, dans deux chapitres vécus et fortement documentés, traite des fraudes dans le commerce du bétail et de la viande et de l'utilité des frigorifiques militaires en temps de paix et à la mobilisation. Avec la tendance actuelle de pousser le rail jusqu'au milieu des combattants, il sera facile de faire arriver sur le champ de bataille des wagons de viande frigorifiée, abattue dans des conditions normales d'engraissement et de repos ; tandis que les troupeaux qui suivent l'armée fournissent très rapidement une viande maigre, surmenée, fiévreuse, qui ne tarde pas à provoquer la dysenterie.

***

Ce qui nous a le plus frappé dans l'enseignement donné par notre camarade, c'est le soin méticuleux qu'il portait au dépistage de la tuberculose locale ou généralisée en interrogeant sur l'animal vivant ou abattu tout le système ganglionnaire lymphatique, depuis les ganglions sous-glossiens jusqu'au ganglion *anal*, qu'il nous faisait parfois palper chez les vaches tuberculeuses, en déprimant fortement la région du *surqueue*.

Cette inspection des ganglions est d'une importance capitale dans l'examen des abats, et seule elle permet de découvrir les moindres traces de tuberculose. Quand les ganglions sont atteints par ce processus, ils se congestionnent, s'hypertrophient et prennent à la longue la forme d'*amandes, de bananes* et atteignent parfois (les médiastinaux par exemple) les dimensions d'un fœtus humain à terme pesant de 3 à 6 kilogrammes.

A la façon d'Ostertag, de Berlin, Raynal, un scalpel à la main, nous montrait la position du ganglion *prétrachéo-bronchique gauche*, si souvent hypertrophié dans les lésions pulmonaires, ganglion qui est enfoui au fond de la première grande scissure interlobaire, sous le parenchyme du premier lobe, et la position des ganglions *parasternaux* (ganglions de l'Inspecteur) qui s'hypertrophient quand les plèvres réagissent ou deviennent adhérentes. Les ganglions du foie et de la rate étaient successivement inspectés ainsi que les si importants *ganglions mésentériques* qui suivent, *sous forme de boudins*, le bord concave de l'intestin et qui sont si souvent le siège de lésions tuberculeuses, *même quand on n'en trouve pas ailleurs*. Enfin le *ganglion crural* (la noix des bouchers) était soigneusement examiné dans les cas de tuberculose généralisée.

Pendant deux ans, nous avons donc largement profité de la haute compétence professionnelle du conférencier : aussi, en élève reconnaissant, nous ne saurions mieux faire que de recommander la lecture de ces pages vécues, véritables leçons de choses, qui ont été écrites non dans le silence du cabinet, mais sur l'étal de la boucherie militaire de Toul, dont l'auteur est le fondateur incontesté.

Nous souhaitons que ces conférences contribuent à compléter l'instruction pratique des jeunes vétérinaires ; nous souhaitons surtout qu'elles soient lues dans nos Écoles militaires, Saint-Cyr, Saint-Maixent, Val-de-Grâce, Fontainebleau, Saumur et dans les garnisons de France où l'on enseigne actuellement aux jeunes officiers l'art délicat de l'expertise de la viande pour déjouer les fraudes des bouchers et contribuer ainsi au bien-être du soldat.

L'officier moderne, qui se double d'un hygiéniste, ne doit-il pas avoir sans cesse présent à la mémoire ce mot si vrai de Turenne : « *La santé de mes hommes est mon bien le plus précieux !* »

Dr BONNETTE

Médecin-major de 1re classe,
Chef de Service au 39e d'artillerie,
Lauréat de l'Institut.

Toul, le 1er janvier 1911.

EXPERTISE
DES VIANDES MILITAIRES

PREMIÈRE CONFÉRENCE

Sommaire. — Mode d'examen des animaux de boucherie sur pied.
— États de santé et de maladie. — Degré d'engraissement,
moyen de l'apprécier. — Rendement, facteurs qui l'influencent :
race, conformation, sexe, âge, genre de nourriture, degré d'engraissement. — État de gestation chez la vache, vaches laitières,
préparation à la vente, saisons, influence des voyages, saleté
de la peau (crotte).

Messieurs,

Je vais avoir l'honneur de vous faire quelques conférences sur le bétail sur pied et l'inspection des
viandes.

Je m'efforcerai de les rendre aussi intéressantes que
possible ; elles auront surtout un caractère pratique et
seront *de véritables leçons de choses*, parce qu'il me
sera toujours possible de mettre sous vos yeux de
nombreux spécimens d'animaux.

Grâce au taux élevé de la prime de viande, aux revenus que nous retirons de la vente des produits du *cinquième quartier* décrit plus loin, et aussi à l'habileté
acquise par la commission d'achat, en faisant presque

exclusivement des achats directs au *jugé*, je pourrai vous présenter des types remarquables de nos races perfectionnées.

A chaque séance, nous passerons successivement en revue les animaux vivants qui se trouvent dans nos étables ; nous les examinerons au point de vue zootechnique ; ensuite nous ferons l'inspection de bêtes abattues dans la matinée. Ces séances, aux étables d'abord, à l'abattoir ensuite, répétées à chaque conférence, seront, je l'espère, fertiles en enseignements *pratiques et techniques*. Nous déterminerons ensemble la race, l'âge, le rendement des bêtes sur pied et la qualité des bêtes abattues.

Je dois vous dire de suite que certaines parties de mes conférences, celles qui auront un caractère réellement scientifique, s'adresseront plus particulièrement à MM. les Médecins et Vétérinaires militaires. D'autres parties seront étudiées et préparées surtout en vue des services particuliers que sont appelés à rendre MM. les Officiers d'approvisionnement des corps de troupe et d'administration.

Le sujet ne se prête pas à des fleurs de rhétorique. Il m'arrivera même souvent d'employer des expressions communes, presque triviales, usitées dans le langage du commerce du bétail et de la boucherie. A mon avis, il n'est pas mauvais d'en connaître la signification et au besoin de savoir les employer à propos, toutes les fois que l'occasion s'en présentera. C'est même le seul moyen de vous imposer et d'inspirer confiance aux professionnels à qui vous aurez affaire.

Il ne faut pas vous le dissimuler, Messieurs, l'examen du *bétail sur pied* est très difficile. Pour juger sainement les animaux de boucherie, il faut de l'*expérience et de la pratique* ; aussi, si vous voulez faire de réels progrès dans cette *expertise*, je vous engage à venir à la boucherie militaire le plus souvent possible ; vous m'y trouverez toujours disposé à vous être utile.

Là, vous apprendrez que tel animal au poil hérissé ou malpropre, à conformation défectueuse, qui vous inspirera de la méfiance à cause de son mauvais aspect, remplira largement les conditions du cahier des charges, une fois abattu ; que tel autre, ayant un aspect plus séduisant, *se tuera mal* ; il sera en *chair*, il est vrai, mais sans graisse de *couverture*, ni de *rognons*, c'est-à-dire *insuffisant*.

Je veux vous montrer par cet exemple, que l'apparence extérieure ne doit pas toujours entraîner votre jugement ; la *vue seule ne suffit pas*, la science particulière de l'*Exploration des maniements* est absolument indispensable.

Le but de l'inspection du bétail sur pied et abattu a une importance capitale en hygiène alimentaire ; il sauvegarde la santé de nos soldats, en éliminant de la consommation les bêtes susceptibles de donner une viande *insuffisamment nutritive ou nocive*, souvent même les deux à la fois : *bétail trop jeune, maigre, fatigué, surmené et malade*. En procédant avec compétence, nous pouvons éviter au soldat un certain nombre de maladies très graves que BROUARDEL qualifie justement d'*évitables*.

Vous pouvez aussi par cette inspection arrêter la propagation des *maladies contagieuses*.

A) La *tuberculose*, la *morve* et le *charbon*, maladies virulentes et contagieuses à l'homme.

B) Des intoxications carnées dont le type est le *botulisme*, occasionné par l'ingestion de produits manipulés de la charcuterie en voie d'avarie (*bacillus botu-linus*).

C) Des affections gastro-intestinales produites par la viande provenant d'animaux abattus en état de maladie et dans laquelle s'est développé le *bacillus enteritidis* (de GÆRTNER) ou d'autres microbes comme *le bacille paratyphique B*. si voisin du bacille de la *psittacose*, maladie infectieuse des perroquets transmissible à l'homme et dont le bacille a été trouvé par NOCARD.

Les animaux porteurs de ce microbe sont atteints *de pneumo-entérite infectieuse* ou simplement *de gastro-entérite*.

Sur le bétail, cette affection n'a jamais pris, que je sache, le caractère-épizootique (c'est ce qui en fait le danger) ; on ne cite que des cas isolés ; il est démontré aujourd'hui d'une façon irréfutable que l'infection se fait par le sang. Or, ce liquide arrosant les organes de l'animal, les contamine tous.

Certains auteurs (et nous sommes de leur avis), prétendent que les abattoirs mal tenus sont infectés de *bacilles paratyphiques B*. qui, à leur tour infectent la viande provenant d'animaux sains, au moment des manipulations qu'on lui fait subir pendant *l'abatage ou l'habillage*. Dans ces cas, fort heureusement rares, la seule inspection des viandes ne suffit pas ; il faut, Messieurs, avoir recours à la *bactériologie*, c'est-à-dire au *microscope* et aux cultures. Dans certains cas même, il faut, pour préciser le diagnostic d'une maladie, pratiquer l'*hémoculture*. (Prendre du sang du malade pour ensemencer un milieu de culture.)

D) *Septico-pyoémie et arthrites purulentes*. — Personnellement, nous sommes *heureux qu'on ait supprimé le veau* des distributions militaires, car les soldats consommaient trop souvent de la viande provenant de veaux atteints des maladies ci-dessus désignées et qui détermine trop fréquemment des accidents toxi-infectieux. D'ailleurs s'il était salubre, il était presque toujours de qualité inférieure, trop jeune ; et en raison de la faible prime de viande, on ne distribuait au soldat que les bas morceaux.

E) *Fièvre*. — Les viandes *fiévreuses*, les viandes en voie de *putréfaction* et aussi les viandes surmenées recèlent des *leucomaïnes* et des *ptomaïnes*, poisons très violents qui résistent aux températures de la cuisson.

F) *Affections parasitaires*. — Enfin, les soldats peuvent encore contracter des affections parasitaires internes ; le *tœniasis* causé par la *ladrerie du porc* (*cysticercus collulosæ*) et plus souvent par la *la ladrerie du bœuf* (*cysticercus bovis*); la *trichinose* (*trichina spiralis*), des muscles du porc, la *distomatose*; les *kystes hydatiques* causés par le *tænia nana* ou échinocoques dont les cysticerques vivent chez les ruminants.

J'ai insisté d'une façon particulière sur le groupe des affections produites par le *Bacille paratyphique B.*, parce que, trop souvent, les maladies qu'il détermine chez les hommes sont très difficiles à diagnostiquer. Van Ermengem, de Gand, a publié la relation d'une épidémie dans laquelle 80 personnes furent malades et dont 4 moururent, pour avoir consommé du hachis de veau atteint d'entérite infectieuse (*diarrhée* ou *courade*). Après cette longue mais indispensable entrée en matière, nous allons attaquer directement les questions qui doivent particulièrement nous intéresser dans les deux premières conférences.

Jusqu'ici, nous avons vu le bétail sur pied au point de vue de l'inspection proprement dite, il convient maintenant de l'examiner au triple point de vue.

a) De l'état de santé et de maladie;

b) Du degré d'engraissement (rendement);

c) De la détermination de l'âge (par les cornes et les dents).

ÉTAT DE SANTÉ. — MALADIE

L'Inspecteur doit savoir reconnaître par un simple coup d'œil, si l'animal présenté par le fournisseur est en état de *santé, fatigué, surmené,* ou *malade.*

Bœuf en bon état de santé. — Le bœuf en bon état de santé est gai, alerte; étant debout, il repose bien sur ses quatre membres; il a l'œil bien éveillé, le regard vif et doux. Si vous le faites mettre en action, son allure est dégagée, il va *bien à pied.* Sur les animaux, dont l'état d'engraissement n'est pas avancé, les poils sont *brillants et lisses*; chez ceux dont l'état d'engraissement est arrivé *à terme,* les poils sont *laineux et frisés par place*; ces signes sont particuliers aux animaux engraissés à l'étable, mais chez ceux engraissés dans les pâturages, le poil est rude, un peu terne et très épais. En vous approchant de l'animal, vous constaterez que la *conjonctive a une teinte rosée claire* et qu'au toucher les cornes et les oreilles sont normalement chaudes, les naseaux propres et largement ouverts. Le bout du nez ou *mufle,* dont la couleur varie du rose au noir, doit laisser suinter une humeur limpide; la région de l'auge et celle de la gorge doivent être exemptes de tuméfactions ganglionnaires. Conti-

nuez votre examen par la pression de la colonne vertébrale derrière le garrot : l'animal doit fléchir légèrement. De la place où vous êtes, observez le flanc : la
respiration doit être lente et régulière (12 à 18 mouvements par minute). La peau, que vous prenez à pleines
mains sur les côtés, doit se détacher facilement et être
souple. Le ventre doit avoir un volume normal ; la
rumination doit être régulière.

Dans les achats au pâturage, on observe que les animaux à cornes minces, fragiles, habituellement cassées,
sont plus infiltrés de graisse et présentent un grain de
viande plus fin. Ce sont des bœufs *tendres*, comme
disent les éleveurs.

Avant de passer à l'examen de l'animal malade, il
convient de dire quelques mots de l'état de l'animal
fatigué et *surmené*.

L'animal *fatigué* est déprimé, a le flanc creux, le poil
moins brillant, les muqueuses un peu injectées ; il reste
volontiers couché et marche assez péniblement.

L'état de *surmenage*, c'est la fatigue poussée au dernier degré. L'animal a les muqueuses plus injectées,
reste *obstinément couché*, ne mange pas et refuse même
les boissons qu'on lui présente ; il a le flanc très creux,
le ventre rétracté. Si vous parvenez à lui faire faire
quelques pas, vous constaterez qu'il a les membres *très
raides*. Dans cet état, il y a généralement un peu d'élé-
vation de la température. Dans les garnisons à population militaire dense, on vous présentera souvent du
bétail peu ou prou fatigué et parfois surmené, parce
que, pour se ravitailler, les fournisseurs sont obligés
d'aller loin. Or, les voyages et les privations de toutes
sortes, ainsi que les mauvais traitements, fatiguent et
surmènent le bétail. Si vous avez la moindre suspicion,

prenez la température rectale, et si vous constatez de l'*hyperthermie, ajournez l'abatage,* car la viande de ces animaux recèle des *leucomaïnes.* La température normale du bœuf varie de 38°5 à 39°5 ; quand elle dépassera 39°5, n'hésitez pas à consigner vos animaux pour les observer.

Bœuf en état de maladie. — L'animal (bœuf) malade est triste ; si vous le faites marcher, son allure est lente, difficile et pénible. Méfiez-vous d'un bœuf ou vache qui a l'air de *marcher sur des épingles* (fièvre aphteuse). En procédant à l'exploration des différentes parties du corps et en commençant par la tête, vous constaterez que les paupières sont gonflées, larmoyantes et la conjonctive plus ou moins injectée. Le ralentissement de la circulation a pour effet de rendre les cornes et les oreilles froides en permanence ou bien alternativement froides et chaudes. Le *mufle est sec,* la face est grippée. Quelquefois, l'animal bave très fort, *ptyalisme* (fièvre aphteuse) ; l'auge est souvent empâtée. A la pression de la colonne vertébrale derrière le garrot, vous constaterez une très grande sensibilité. La peau est sèche, souvent collée aux côtes ; dans certains cas l'animal tousse, dans d'autres il se plaint ; la respiration est irrégulière et souvent accélérée ; le ventre quelquefois très ballonné et la rumination arrêtée. Dans certaines affections le bétail *urine du sang* (charbon, hématurie) ; on constate souvent de la diarrhée fétide.

Porc en bon état de santé. — A l'approche de l'homme, le porc quitte la position qu'il occupait (généralement couché sur le ventre), grogne et, particularité importante, il *porte la queue en tire-bouchon.* Si en prenant de minutieuses précautions, vous arrivez à le toucher, vous constaterez que son groin est frais, que les yeux sont vifs, que les conjonctives sont roses, que la température du corps est normale et que les soies sont luisantes et douces.

Porc en état de maladie. — Malade, le porc se cache le plus possible dans la litière ou le fumier ; il est triste, abattu, ne se dérange pas à l'arrivée de l'homme ; son groin est chaud, ses muqueuses très injectées ; il ne grogne pas, se plaint, ne mange pas et la *queue est pendante*. Dans certaines affections contagieuses, le corps est couvert de taches rouges (*rouget*).

Mouton en état de santé. — Le mouton bien portant est gai, agile et leste ; il se défend très fort quand on le prend par une patte de derrière. La laine très brillante, ne se détache pas du corps, malgré une forte traction ; la sclérotique bien arborisée de vaisseaux sanguins est rose ou rouge.

Mouton en état de maladie. — Malade, le mouton est mou, triste ; sa laine, terne, décolorée, s'arrache facilement selon la maladie dont il est atteint ; la sclérotique est très pâle (anémie et cachexie), jaune (ictère) ; il ne se défend pas ou presque pas quand on lui prend une patte de derrière.

Dans certaines affections contagieuses le nez, le ventre et les cuisses sont couvertes de boutons (clavelée ou picote) ; dans le piétin et la fièvre aphteuse, on constate des décollements des ongles : l'animal boite très fort.

1.

DEGRÉ D'ENGRAISSEMENT

L'engraissement des bestiaux ou *engraissage* a pour but de déterminer l'infiltration de la graisse dans les muscles, où elle se substitue à une quantité d'eau équivalente. Généralement on engraisse les animaux avant de les livrer à la consommation ; l'engraissement fait augmenter le poids de l'animal, améliore, et bonifie la qualité de la viande.

Il y a trois modes d'engraissement :

1° Au *pâturage* encore appelé *embouche*;

2° *Mixte*, au pré d'abord et à l'étable ensuite;

3° A l'étable, *stabulation*.

Si les animaux sont de race précoce, en bon état de santé, pas trop âgés au moment de la mise au pré, et si les prairies sont bien constituées (la composition botanique des fourrages et celle du sol ont une grosse influence), l'engraissement se fait en trois ou quatre mois. Si la température est favorable, on peut gagner un mois : il est alors rémunérateur pour l'éleveur.

Les animaux engraissés à la prairie, les *bœufs d'herbes,* sont les plus recherchés.

Pour apprécier l'état d'engraissement et le rendement en viande nette, nous avons recours à l'exploration *au toucher des maniements.* On dit aussi *manier, palper* un animal.

Qu'est-ce qu'un maniement ? La graisse a une tendance marquée à se déposer dans certaines régions du corps et à former un amas, qui prend le nom de *maniement.* Généralement, ce dépôt se fait autour d'un ou plusieurs ganglions lymphatiques; mais il existe aussi des maniements qui sont absolument indépendants des ganglions lymphatiques. Les maniements sont *pairs* ou *impairs*; il y en a de particuliers à chaque sexe; certains sont *précoces*, d'autres sont *tardifs*; les uns indiquent la *graisse de couverture*, les autres la *graisse de rognons*; enfin il en est qui renseignent sur la *densité* de la viande.

On peut sur le bœuf en explorer dix-sept exactement, mais, à mon avis, il serait inutile et fastidieux de les *manier* tous; je vous désignerai seulement ceux dont les indications précises ont été sanctionnées par une longue pratique (fig. 1).

Maniements du bœuf. — Le règlement vous impose trois obligations, qui vous amènent à accepter ou à acheter *exclusivement* des bêtes de deuxième qualité; savoir :

1° Les animaux doivent avoir un *demi-centimètre de couverture* (*graisse*).

2° De la graisse de *rognons* et du *grappé*; amas plus ou moins volumineux de graisse qui se trouvent sur la plèvre costale. Beaucoup de bêtes de deuxième qualité manquent de grappé et n'ont pas tout à fait un demi-centimètre de graisse de couverture; elles manquent aussi de graisse de couverture à la cuisse, cela malgré la meilleure apparence extérieure au point de vue de l'engraissement. Le *grappé*, la graisse de la couverture de la cuisse et l'ampleur du *rable* ou *aloyau*, sont plutôt des indices de la première qualité.

3° Donner un rendement minimum du poids vif au poids mort.

de 48 p. 100 pour la vache;

de 53 p. 100 pour le bœuf;

de 55 p. 100 pour le taureau;

Il vous suffira donc de *toucher* les maniements correspondant à ces trois obligations.

Avant de les énumérer, je dois vous dire qu'il vaut mieux ne pas les *toucher* que de les toucher d'une façon incorrecte. N'oubliez pas que si vous maniez bien un bœuf, vous inspirez de suite une grande confiance aux professionnels avec qui vous avez affaire. Procédez toujours avec méthode ; mettez-vous à l'abri des accidents (coups de cornes et de pieds) et abordez l'animal avec précaution. Comme, à quelques rares exceptions, le bœuf ne rue pas (il y a bien le coup de pied « en vache »), vous pouvez facilement vous mettre derrière lui pour explorer certains maniements, et de côté, vers la région du cœur, pour explorer les autres.

Je dois vous dire de suite que c'est la *graisse extérieure qui se forme la première*; que les jeunes animaux ont une tendance plus marquée à faire de la graisse externe que les vieux, et enfin que certains modes d'engraissement contribuent à faire de la graisse de couverture aux dépens de celle des rognons.

Dans le langage de la boucherie, on appelle *fleuris* tous les animaux qui mettent la graisse en *dehors*.

Sachez aussi qu'il y a des *maniements creux* : ce sont ceux dont la graisse qui les constitue n'est pas très dense ; les animaux qui ont de tels maniements, ont en général le poil très luisant ; ils sont bien *en chair*, paraissent gras, mais se *tuent mal, tombent légers*. On les qualifie de *verts*; leur viande est plutôt rouge foncé : ceux qui, au contraire, ont des maniements *fermes*, possèdent un pelage frisé par places et se tuent *lourds*; leur viande a très bel aspect : on dit qu'ils sont *mûrs* ou *faits*.

Avant d'être bien *gras*, le bœuf passe par diverses phases, il est :

A) En *chair*. — généralement bien musclé, mais n'ayant que très peu ou pas de graisse externe ou interne.

B) *Demi-gras*. — Ceux qui sont très en chair, avec une certaine quantité de graisse de couverture et de rognon.

C) *Gras*.— Ceux dont on peut explorer tous les manie- ments.

D) *Fin gras*. — Les animaux qui ont un fort embon-

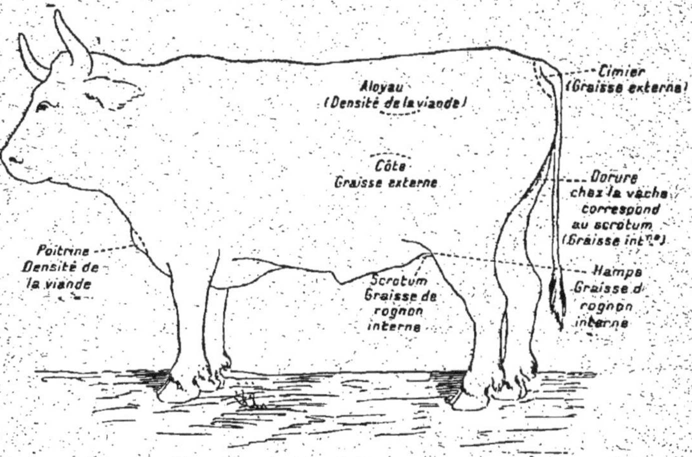

Fig. 1.

Maniements du bœuf.

point et des maniements très denses, beaucoup de graisse externe et de rognons. Les animaux fin gras ne sont pas recherchés par la boucherie, leur viande est trop infiltrée de graisse. Seuls les animaux de con- cours sont poussés à cet état d'engraissement inutile!

Passons maintenant à l'examen des maniements qui

nous permettront de reconnaître les animaux qui doivent satisfaire au cahier des charges.

1° Quel sont les maniements qui donnent de la graisse *externe* ou de *couverture*? Je ne vous en citerai que deux pour ne pas encombrer votre mémoire :

A) L'*abord*, *cimier* ou *surqueue* (voir fig. 1). Ce maniement est placé de chaque côté de la base de la queue ; il est très précoce. Chez les animaux gras et fin gras, il prend la forme d'une coquille de Saint-Jacques. Pour le toucher, on se place derrière l'animal, la main gauche tenant la queue, la main droite seule explore ; quelquefois aussi on les touche tous les deux en même temps.

B) La *côte*, paire, est également très précoce. On l'explore en se mettant du côté droit ou gauche, à la hauteur de la région du cœur, en faisant face à l'arrière-main, une main appuyée sur le dos, l'autre tâte la côte avec les doigts, le pouce faisant opposition aux autres doigts.

Si ces deux maniements existent sur les bêtes qu'on vous présentera, vous pouvez être assurés que les animaux ont de la graisse de couverture, mais pas toujours un demi-centimètre de couverture : cette condition est peut-être trop restrictive dans certains cas. Si la graisse de couverture se forme la première, elle disparaît aussi la première, dans certaines conditions : exemple, chez les animaux placés au pâturage pendant les années froides et humides, comme celles que nous venons de traverser 1909 et 1910.

2° Maniements qui indiquent la graisse de *rognons* ou *interne* ; je vous en désignerai encore deux ; le *scrotum* et la *hampe*, le premier tardif, le deuxième précoce.

A) Chez le bœuf, le *scrotum* (impair) encore appelé *brague, paquet, dessous* ou *rognon*, se développe un peu tard; il se trouve dans les bourses (poche des testicules). Le toucheur, tenant la queue avec la main gauche qu'il écarte du côté gauche, doit engager tout son bras droit entre les cuisses de l'animal et avec sa main soupeser le maniement, se rendre compte de sa consistance et de son volume. Chez la vache, c'est le *cordon, dorure, braie, entrefaçon* ou *entre-deux*, qui donne les indications du scrotum du bœuf; il a la forme d'un cordon plus ou moins volumineux selon l'état d'engraissement, placé comme le nom l'indique, entre les fesses, le long de la région périnéale. L'explorateur se place derrière, tient la queue de la main gauche et avec les doigts de la main droite prend le cordon et se rend compte de sa consistance et de son volume. Pour l'exploration des vaches, nous avons pris l'habitude de *toucher* les maniements du côté droit, cela dans le but de nous rendre compte de l'*état* de *gestation*. Le *palper abdominal* se pratique toujours du côté droit (fig. 1).

B) La *hampe, grasset, œillet, lampe, fras* (pair), est très précoce. Pour l'explorer, si on se place à droite, faisant face à l'arrière-main, on met la main droite sur la colonne vertébrale, on incline légèrement le haut du corps et avec la main gauche on prend le maniement en ayant soin de passer quatre doigts en dedans du repli de la peau et le pouce en dehors; il faut soupeser le maniement et se rendre compte de sa consistance.

3° Maniements qui indiquent la densité de la viande, le rendement.

Il suffit d'en consulter deux : le *travers* et la *poitrine* (fig. 1).

A) Le *travers, aloyau* ou *rable* (pair) est constitué

par le bord des apophyses transverses des vertèbres lombaires ; il annonce en même temps que l'animal a beaucoup de graisse de rognons ; l'aloyau épais résistant, difficile à saisir, indique toujours un bœuf lourd, à rendement élevé, de première qualité. Le toucheur se place de côté faisant face à l'arrière-main, il prend la région des apophyses transverses entre les quatre doigts placés au bord supérieur et le pouce dans le creux du flanc. Plus le maniement est épais plus le bœuf est *lourd* (mort) ; sur les animaux gras et fin gras, il se confond avec le maniement du flanc ; on dit alors que l'animal est bien fermé : ce maniement est très tardif.

B) La *poitrine* se trouve en avant du sternum, maniement impair et tardif. Quand il est dense et consistant, on peut être assuré que l'animal *tombera lourd*, rendra beaucoup. Pour l'explorer, le toucheur met la main gauche sur l'épaule, incline le haut du corps en avant et avec la main droite saisit ce maniement. A la fin de la période d'engraissement, quand arrive le printemps, les animaux d'étable sont *repus* ; ils ne mangent plus, ont la diarrhée ; s'ils ne sont pas abattus à ce moment, le maniement de la poitrine, de consistant qu'il était, devient de plus en plus mou.

En résumé, pour apprécier un animal au point de vue de l'engraissement et du rendement, il suffit que vous sachiez bien toucher les six maniements dont je viens de vous donner la description ; mais avant de passer à une autre question, permettez-moi encore un conseil. Méfiez-vous de votre savoir, l'examen du bétail sur pied est hérissé de difficultés, justement parce qu'il paraît simple, facile, à la portée de tous ; si vous avez des doutes sur la qualité, ne prenez pas une décision trop rapide qui pourrait compromettre votre réputation de connaisseur, restez dans l'expectative et puisque les règlements vous donnent la latitude, l'avantage de ne vous prononcer d'une façon définitive qu'après l'abatage, profitez de cette tolérance à laquelle se soumet le fournisseur, laissez abattre le sujet douteux : le contrôle par l'autopsie vous permettra de vous instruire, de vous *faire l'œil et la main*. Ne soyez pas excessifs ; s'il y a quelques personnes disposées à frauder, vous rencontrerez par contre beaucoup de fournisseurs très consciencieux, dont le but est de faire le mieux possible.

Maniements du mouton. — Les maniements du mouton sont très difficiles à apprécier ; il faut une très grande habitude pour pouvoir juger son degré d'engraissement. Évidemment, il vous sera facile de reconnaître les animaux très maigres ; mais dans les autres cas, abstenez-vous de porter un jugement ; si les animaux remplissent les conditions au point de vue de la santé, laissez abattre et prenez une décision après cette opération. Les maniements à toucher sont : le *cimier*, le *travers* et la *côte*.

Maniements du porc. — Il n'est pas toujours facile de manier le porc à cause des difficultés que l'on éprouve à l'approcher. Faites saisir une patte de derrière par un aide et promenez votre main sur la région dorsale, qui doit être très ferme et ne doit pas s'affaiser à la pression. Comme en général les porcs gras et fin gras sont dépréciés sur les divers marchés et se vendent bien moins cher que les porcs *demi-gras,* les fournisseurs vous présenteront toujours des porcs trop gras. Après l'abattage, appliquez le règlement qui fixe la tolérance au sujet du poids de l'animal et de l'épaisseur du lard ;

mais prenez en considération, pour le poids seulement, les usages du pays et les difficultés de ravitaillement.

RENDEMENT

Le *rendement* est le rapport qui existe entre le poids vif de l'animal et le *poids mort, poids net* de viande. Des usages locaux ont une certaine influence sur le rendement. Ainsi, à Paris, on pèse le maxillaire inférieur adhérent au quartier de devant; à Toul, nous pesons seulement les quatre quartiers.

Il y a deux sortes de rendement : le rendement *commercial* et le rendement *alimentaire*.

A) Le rendement commercial est exprimé par le rapport du poids vif de l'animal à la quantité de viande nette constituée par les quatre quartiers, la graisse de rognons et les rognons pesés avec les quartiers de derrière.

B) Le rendement *alimentaire* est le rapport du poids vif de l'animal, aux quatre quartiers de viande et à toutes les parties du cinquième quartier qui peuvent être distribuées et consommées. On peut distribuer aux ordinaires les plats des joues ou muscles masseters, une partie de la queue (la base) et dans certaines circonstances le cœur et la langue.

Le rendement commercial peut atteindre par exemple 58 p. 100, le rendement alimentaire 60 p. 100 avec la même bête.

Les principaux facteurs qui influencent le rendement sont : la race, la conformation, le sexe, l'âge, le genre de nourriture, le degré d'engraissement, l'état de gestation chez la vache, la lactation, la préparation à la vente, les saisons, les longs voyages en chemin de fer et à pied et enfin la saleté de la peau (crotte).

Nous allons passer succinctement en revue ces divers facteurs.

A) RACE. — Depuis quelque trente ans, grâce aux méthodes de culture plus rationnelles, l'agriculture a réalisé beaucoup de progrès tant au point de vue du rendement que de la qualité des céréales et des denrées fourragères qu'elle fait produire au sol. Dans beaucoup de contrées, nos admirables races ont suivi ce mouvement de progrès ; les éleveurs, tout en conservant à leur bétail l'*aptitude au travail,* se sont attachés à le rendre précoce au point de vue de la boucherie et à augmenter le rendement en viande nette. Ils sont arrivés à ce résultat au moyen de trois puissants facteurs.

1° En *améliorant* nos races par l'infusion du sang Durham, qui donne la précocité et augmente le rendement (croisement).

2° Par la *sélection,* c'est-à-dire par le choix raisonné des reproducteurs.

3° Et par l'hygiène, les animaux ont été mieux nourris, mieux soignés et mieux logés.

En Normandie et dans le Nivernais, on a obtenu des sujets approchant de la perfection. Je vais vous en montrer tout à l'heure quelques spécimens dans nos étables.

Toutes nos races sont aptes à un degré plus ou moins élevé à être engraissées. BAUDEMENT, un zootechnicien français, avait conseillé la spécialisation : créer des races pour la boucherie, d'autres pour le travail. Cette méthode n'a pas eu tout le succès qu'elle méritait ; en

France, on préfère les races à aptitudes mixtes (travail et boucherie).

Les éleveurs de certaines régions n'ont fait aucun progrès, ils ne font pas assez de *sélection* et ont une tendance trop marquée à se défaire des bons modèles, pour garder les animaux mal réussis.

La race la plus estimée par la boucherie française est la Limousine; viennent ensuite presque au même plan : la Normande, la Nivernaise-Charolaise, puis la Garonnaise-Bazadaise.

Plus les animaux sont de race pure, plus leur rendement est élevé.

En résumé, il faut rechercher les races dont le squelette est le plus léger possible, la peau fine, les membres courts et légers, la tête petite et les masses musculaires très développées. Il faut toujours choisir le bétail parmi celui dit de saison, dont l'engraissement est terminé; ce bétail se *tue lourd* et donne un rendement élevé.

B) CONFORMATION. — La conformation joue un grand rôle dans le rendement. Dans la même race, tous les animaux n'ont pas la même conformation; il en est qui ont l'arrière-main défectueuse, d'autres l'avant-main; certains ont les reins et le dos insuffisamment développés : cela dépend souvent du travail plus ou moins pénible auquel ils ont été soumis. Les animaux destinés à la boucherie et qui donnent le meilleur rendement sont ceux qui ont la culotte très développée, largement musclée, les reins et le dos larges : ces régions sont celles qui fournissent la première catégorie de viande, la plus recherchée.

Pour bien vous rendre compte de la conformation

d'un animal, il faut l'examiner sur toutes les faces :
de *profil*, retenez la *longueur du corps* ; par *devant*,

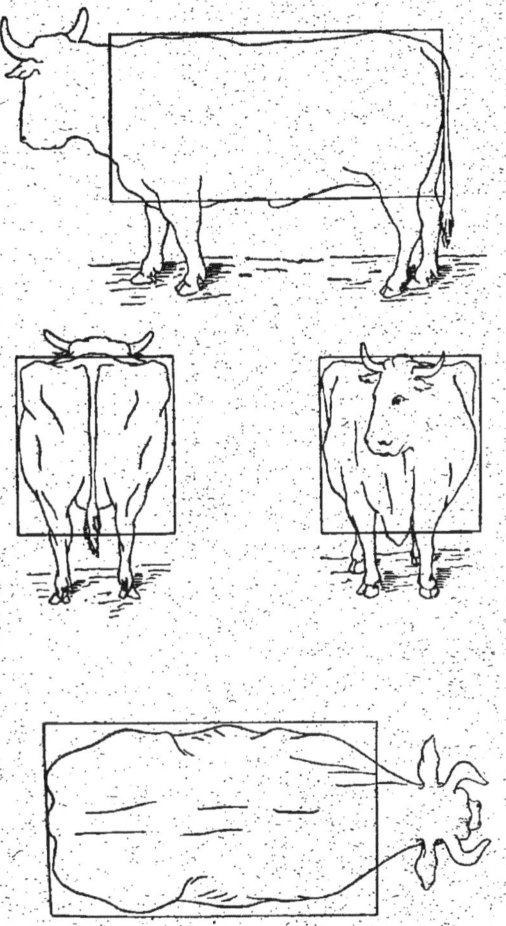

Fig. 2.
Méthode géométrique d'appréciation du bœuf (Stephens).

poitrail large, poitrine très descendue ; par *derrière*,
très culottée, fesses et cuisses bien descendues ; du *dos*,

très large, fortement musclé, bien soutenu dans toute sa longueur.

Un Anglais, Stephens, donne un procédé qui consiste à examiner successivement l'animal de profil, par devant, de face, derrière et renversé sur le dos. « Chacune de ces faces, supposée encadrée, est d'autant plus parfaite, annonce une conformation meilleure, qu'elle remplit exactement le cadre qui l'entoure ». La figure géométrique qu'il conseille est :

Un carré pour les faces du devant et du derrière. Un rectangle pour la face du profil et de dos (fig. 2).

Je dois vous dire que la race Durham pure remplit bien ces figures, et que nos races françaises à qui on a infusé un peu de sang durham et qui sont bien sélectionnées les remplissent assez complètement, ce qui prouve qu'elles sont largement bonnes pour la boucherie, tout en restant aptes au travail.

En résumé, pour être bien conformés, les animaux doivent répondre aux conditions qui vont suivre.

1° *Tête* petite et fine, avec des cornes petites et des oreilles minces ;

2° *Cou* conique à la base ;

3° *Poitrine* très ample, dépassant les membres ;

4° *Épaules* larges, bien soudées au cou et à l'échine ;

5° *Le Dos et les Reins* bien soutenus, droits, larges, amples et plats (jamais creux) ;

6° *Le Tronc*, derrière les côtes, très grand et les côtes bien arquées ;

7° Les *Hanches* larges ;

8° La *Queue* bien attachée, fine, courte ;

9° Les *Jambes* fines, courtes et charnues, et les sabots petits ;

10° La *Peau* fine et souple, se détachant bien ;

11° La *Panse* (ventre) ne doit pas être pendante (ptosée).

Les animaux mal conformés, ceux qui, pour différentes causes, ont des régions du corps plus ou moins atrophiées, rendent sensiblement moins que les animaux bien conformés.

J'ajoute, Messieurs, qu'il y a des méthodes pour déterminer le poids vif d'un animal et le poids mort en viande. La *barymétrie* n'offrant pas pour vous un caractère réellement pratique, je ne ferai que vous énumérer les principales ; ce sont : le procédé Quételet, le procédé Dombasle et la méthode d'Anderson.

Dans mon opuscule sur les fraudes[1], vous trouverez, page 18, des indications circonstanciées pour les achats de bétail au poids vif.

C) Sexe. — Le *Taureau*. — Personne ne conteste aujourd'hui le rôle du taureau comme reproducteur ; mais, au point de vue boucherie, il a encore un trop grand nombre de détracteurs qui, imbus de préjugés, s'obstinent, de parti pris, à considérer sa viande comme très inférieure ; et cela, la plupart du temps sans l'avoir goûtée et se rendre compte des progrès qui ont été réalisés depuis quelque dix ans, tant au point de vue de l'élevage que de l'engraissement.

En général, on se représente toujours le taureau dans l'état où il était il y a cinquante ans, faisant, quelquefois à lui seul, la saillie de toutes les vaches du canton ; c'est-à-dire vieux, méchant, dangereux, maigre

---

[1] Raynal, les fraudes dans l'armée et le commerce du bétail. Produits manipulés. Lavauzelle éditeur, 10 rue Danton, Paris.

et dont la viande devait être *fatalement coriace.*

Depuis, la culture s'est spécialisée ; elle s'est adonnée à l'élevage, et la vente du bétail est devenue une bonne source de revenus. Aussi, aujourd'hui, sauf dans quelques contrées de la France, chaque éleveur soucieux de l'amélioration de son troupeau a plusieurs taureaux. Il n'hésite pas à payer cher un bon reproducteur de race ; mais il l'alimente rationnellement, le soigne bien et ne le brutalise pas. Soumis à un tel régime, cet animal devient très doux, de sorte que l'on peut dire que le taureau méchant est devenu rare. L'emploi de l'anneau nasal, qui n'est pas un moyen de torture pour l'animal, comme on est porté à le croire, suffit pour le maintenir dans les moments d'excitation. Sa carrière, comme reproducteur, est devenue en général très courte (terminée à 4 ans) ; l'éleveur intelligent l'engraisse le plus tôt possible (3 ans) pour la boucherie, et, comme sa viande (en raison de son développement musculaire) est très recherchée par les restaurateurs et chefs de pensions, il se vend toujours à des prix très rémunérateurs. Ceux qui n'ont pas pu atteindre un engraissement suffisant, parce qu'ils ont fait des saillies jusqu'à quatre et cinq ans, sont achetés par les charcutiers pour la fabrication du saucisson. Presque tous les taureaux d'étable ont de la graisse de couverture, beaucoup de graisse de rognon et de suif ; poussés à cet état d'engraissement, ils valent bien les bœufs de deuxième qualité et se vendent d'ailleurs au même prix ; ceux de race mancelle sont difficiles à distinguer du bœuf, nos bouchers s'y sont trompés maintes fois. Le taureau est beaucoup plus précoce que le bœuf. Le Dʳ Pagès dit, dans son *Traité d'Hygiène pour Tous,* qu' « il fournit autant de viande à trois ans, que le bœuf à cinq », fait que nous avons contrôlé un très grand nombre de fois, surtout chez les taureaux croisés durham.

La viande est évidemment grossière ; « mais elle a l'avantage de gonfler par la cuisson et de se conserver, pendant les chaleurs, vingt-quatre heures au moins de plus que le bœuf. Nombre de ménagères ouvrières la recherchent pour le pot-au-feu ; le rôle du taureau comme animal de boucherie grandit tous les jours ; il devient le grand fournisseur d'*azote* des travailleurs manuels » (Dr PAGÈS). Au point de vue engraissement et rendement, le taureau, surtout le taureau d'herbe, est difficile à apprécier.

Maintes fois nous avons goûté du taureau (pot-au-feu et rôti) : la viande, souvent persillée provenant d'animaux convenablement engraissés est *bonne* et *très bonne* ; aussi en sommes-nous très partisan pour l'alimentation du soldat, non seulement parce que le taureau a un rendement très élevé, mais encore parce que, en raison de ses masses musculaires énormes, il fournit de meilleures portions à la gamelle.

A notre avis, on ne devrait pas limiter la proportion de taureau dans les distributions ; je vous engage à les accepter dans les conditions du règlement toutes les fois qu'on vous en présentera.

Nous avons à cœur de réhabiliter cet animal !

Bœuf. — Le bœuf rend plus que la vache ; cependant il ne faut pas croire qu'au point de vue de l'alimentation du soldat, la vache soit par trop inférieure au bœuf. La viande de vache a la même valeur nutritive, sauf celle provenant de vaches épuisées par la lactation trop prolongée ou par de trop fréquentes gestations.

D) AGE. — Le taureau rend autant à trois ans qu'un bœuf de cinq ans ; les génisses de race précoce et les bœufs et vaches de quatre à six ans rendent plus que les animaux trop jeune ou plus vieux. Les vaches et les bœufs de quatre à six ans ont la peau plus fine ; les animaux vieux ont la peau plus épaisse, le suif plus lourd et le tissu osseux plus dense.

E) GENRE DE NOURRITURE. — La nourriture a une grosse influence sur le rendement ; les vaches à qui on donne une alimentation grossière ont un rendement inférieur. Les animaux élevés dans un très bon pâturage et ceux nourris à l'étable avec de bons fourrages et du grain se *tuent toujours lourds*.

F) DEGRÉ D'ENGRAISSEMENT. — Plus les animaux sont méthodiquement engraissés, plus ils rendent (infiltrations de la graisse, fibres musculaires).

G) GESTATION. — La durée moyenne de la gestation varie de 270 à 290 jours. On a remarqué que, en général, les vaches pleines étaient plus aptes à l'engraissement ; aussi beaucoup d'éleveurs les font saillir pour obtenir ce résultat. Une vache pleine, à état d'engraissement égal, rend beaucoup moins parce que le poids du veau augmente le poids vif. (Voir tableau ci-contre.)

H) VACHES LAITIÈRES. — Les vaches de *fruit*, ainsi qu'on appelle celles qui sont laitières, ont le tissu musculaire moins dense ; le *pis* (mamelles) est très développé et peut atteindre le poids de 6 à 16 kilogrammes. Les vaches *sèches de lait*, (qui n'ont plus de lait) rendent davantage.

PESÉES DE VENTRES DE QUELQUES VACHES PRÉPARÉES POUR LA VENTE ET EN ÉTAT DE GESTATION

NUMÉROS d'entrée.	POIDS vif en kilos le jour de l'abat.	POIDS mort en livres.	POIDS du ventre pesé après 24 heures de jeûne.	TAUX du rendement.	GESTATION Poids du veau.	OBSERVATIONS
104	570[1] / 550	550	145	50 p. 100	20 kilos	Abattue le 12 janvier 1907. Vache flamande se touchant bien. Rognon couvert 3 kilos de graisse. Aurait dû donner de 53 à 55 p. 100, sans la préparation à la vente et le veau.
125	580 / 530	472	130	44 —	50 —	Abattue le 11 janvier 1907. Vache de pays se touchant bien. Rognon bien couvert 3 kilos de graisse. Aurait dû donner 50 p. 100, d'après son état d'engraissement.
128	460 / 400	386	120	48 —		Abattue le 11 janvier 1909. Vache de pays se touchant bien. 1 kilo de graisse de rognon. Bien en chair.
199	490 / 430	390	100	45,3 —	25 —	Vache de pays se touchant bien, pesant 490 kilos le jour de son arrivée (16 janvier). 3 kilos de graisse de rognons. Aurait dû rendre 50 p. 100.
262	560 / 540	500	180	47 —		Grosse et forte vache de pays (croisement hollandais). Beaucoup de graisse de couverture, fortement musclée. 1 kilo de graisse de rognons. A été abattue pour la conférence des officiers. D'après sa conformation musculaire, cette bête aurait dû rendre 53 p. 100.
264	490 / 460	466	130	50 —		Vache de pays abattue pour la conférence des officiers. Aurait dû donner 53 p. 100.
153	730 / 680	628	160	49 —		Grosse vache suisse. Ventre démesuré. 3 kilos de graisse de rognons. D'après son état d'engraissement aurait dû donner 53 p. 100.
217	560 / 540	568	105	52 —	20 —	Vache nivernaise. Grasse. 1re qualité. Aurait dû rapporter de 55 à 56 p. 100.
309	600 / 380	514	120	44 —	50 —	Vache de pays. Préparée pour la vente. État de gestation avancée. Bien en chair. 2 kilos de graisse de rognon. Graisse de couverture assez abondante. Aurait dû donner au moins 50 p. 100.

[1] Le poids souligné est celui constaté à l'arrivée à Toul. Celui du dessous est le poids après 24 heures de jeûne. Toutes les vaches en état de gestation avancée ont des mamelles développées qui diminuent le rendement.

I) Préparation a la vente. — Les animaux suralimentés, dont les estomacs sont littéralement bourrés, ont un poids vif très élevé ; le rendement en viande nette est conséquemment inférieur.

Nous reparlerons de cette question dans la conférence des *fraudes*.

J) Saisons. — L'influence des saisons sur l'engraissement et le rendement est très importante. Si les saisons sont, ou trop pluvieuses ou trop sèches, le rendement est moindre. Un peu de sécheresse favorise l'engraissement et augmente le rendement, parce que l'herbe est plus nutritive.

L'époque où les bêtes rendent le moins, c'est à la fin de l'hivernage et la première période de la mise à la pâture : mars, avril, mai, juin et quelquefois juillet et août si les pluies sont continuelles.

Vers le mois de mars, époque où finit l'hivernage, le bétail devient maigre ; à ce moment, en général, la majorité des éleveurs ne font pas d'efforts pour l'engraisser, car ils attendent le moment propice pour mettre le bétail à la prairie.

Mais en y mettant le prix, on trouve en toute saison du bétail bien engraissé.

K) Influence des longs trajets et des voyages a pied. — Le dépérissement des animaux en cours de route est dû aux souffrances qu'ils endurent par l'entassement dans les wagons et les privations de nourriture et de boissons. Quelquefois les animaux restent de quarante-huit heures à quatre jours sans boire ni manger, par des chaleurs excessives ou un froid très vif. Ils se soutiennent par autophagie. Le rendement peut diminuer de 1 à 3 p. 100 selon la longueur de trajet.

L) SALETÉ DE LA PEAU. (Crotte.) — Le rendement est sensiblement influencé par la saleté de la peau (*crotte*), les animaux d'étable mal soignés sont remplis de crotte, surtout aux régions du ventre et de l'arrière-main. Nous avons récolté en 1892, sur la peau d'une petite vache dite de pays (Vosges), achetée à Domèvre-en-Haye et pesant 390 kilogramme vif, 14 *kilogrammes de crotte* ! On ne peut pas nier que le rendement soit influencé par la saleté de la peau.

Les propriétaires ont le plus grand tort de laisser les animaux dans un état de saleté parfois repoussant ; car la crotte peut receler les microbes les plus malfaisants. Nous prétendons même qu'au point de vue de l'hygiène humaine, il peut y avoir un réel danger de donner du lait provenant de vaches laitières crottées. Ce lait peut être infecté par les microbes pathogènes émanant de la saleté adhérente à la peau. Il y a donc des mesures sanitaires à prendre : *exiger que la peau des vaches laitières* soit absolument *exempte de crotte ;* les propriétaires seraient ainsi obligés de soigner et faire du pansage à ce bétail particulier ; d'ailleurs ils y trouveraient finalement leur compte, car la peau remplirait mieux ses fonctions, qui ont une relation directe avec la nutrition.

Mais pour supprimer la crotte, il faudrait avant tout supprimer le *purin*. Or, en général le bétail à la campagne est logé dans des écuries presque totalement *privées* d'air et de lumière, dans lesquelles les animaux baignent dans le *purin*.

Enfin, citons encore deux causes qui, au dernier

2.

moment, peuvent faire varier le rendement : *abreuve-ment* et *alimentation*. Pendant la période de jeûne (vingt-quatre heures) les animaux peuvent se détacher et en profiter pour s'alimenter et boire. Ou bien on peut leur donner intentionnellement et frauduleusement des aliments pendant le jeûne, quand les animaux sont vendus à l'adjudication, au poids vif, pour l'augmenter. Les animaux peuvent être mal *pesés* ; ceux qui sont difficiles sautent, se débattent, font remuer le pont bascule, l'ébranlent ; le poids vif ainsi obtenu est alors supérieur au poids vif réel et consécutivement le ren-dement plus faible.

Nous avons étudié cette question du rendement avec de longs détails, parce qu'elle a une grande influence au point de vue des fraudes lorsque les fournitures militaires de bétail sont données en adjudication.

Ci-joint un tableau faisant ressortir l'influence des divers facteurs dont nous venons de parler.

DEUXIÈME CONFÉRENCE

Sommaire. — Caractères généraux de l'âge. — Age du bœuf par l'examen des cornes. — Age du bœuf par l'examen des incisives.

Il est absolument nécessaire de savoir déterminer l'âge des grands et petits ruminants pour pouvoir appliquer les règlements, et surtout parce que l'âge a une grande influence sur la *qualité* et le pouvoir nutritif de la viande.

On peut connaître approximativement l'âge du bœuf par l'examen des *cornes* et des *incisives*. Comme il n'est pas toujours commode d'ouvrir la bouche d'un bœuf, les commerçants se contentent en général, du simple examen des cornes ; mais ces appendices ne donnent pas toujours des indications suffisamment précises, parce que souvent ils sont truqués (fraudes) ; aussi il est bon de savoir contrôler l'âge par l'examen des incisives. Je dois vous dire de suite que les signes qui permettent de reconnaître l'âge chez le bœuf par les incisives, ne sont pas aussi précis que les mêmes signes chez le cheval.

Moyen de déterminer l'âge par les cornes. — On prend les hommes par les paroles et les bêtes par les cornes !

— Les cornes sont des espèces d'étuis coniques qui enveloppent l'os, le *cornillon*, qui leur sert de base. Sachez, Messieurs, que le cornillon représente la corne osseuse; c'est une saillie des os frontaux, tandis que la corne proprement dite, l'étui, est une production épidermique (dépendance de la peau). Ces appendices s'allongent tous les ans vers la base d'une longueur variable, mais rendue sensible par un sillon plus ou moins profond qui la distingue de la précédente. L'âge est indiqué par le nombre de *sillons* ou *anneaux* assez nettement indiqués sur la partie inférieure des cornes. *Les pousses des trois premières années ne sont pas visibles distinctement;* aussi on compte trois ans pour le premier sillon visible de la pointe de la corne vers la base et un an pour chaque sillon qui suit : exemple, une vache qui a six sillons à huit ans (fig. 3).

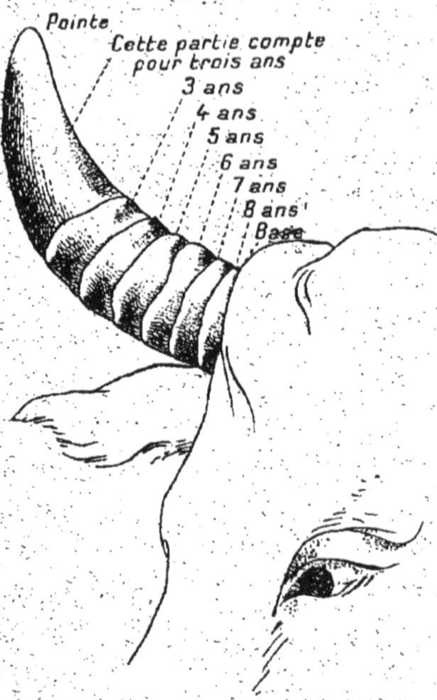

Fig. 3.

Corne d'un bœuf de huit ans.

Dans les pays où l'on fait usage du joug pour faire travailler le bétail, le frottement de ce harnais et des liens efface les sillons; il est donc impossible de reconnaître l'âge par les cornes.

Nous verrons aussi à propos des fraudes, que certains marchands font disparaître les sillons pour rajeunir le bétail.

Moyen de reconnaître l'âge du bétail par les dents. (incisives). — Le bœuf a trente-deux dents : vingt-quatre *molaires* et huit *incisives* à la mâchoire inférieure ; la supérieure n'en possède pas. Les deux incisives du milieu ou du centre s'appellent *pinces*, à droite et à gauche de chaque pince, il y a une *première mitoyenne*, à droite et à gauche de chaque première mitoyenne, il y a une *deuxième mitoyenne* et enfin à droite et à gauche de chaque deuxième mitoyenne, il y a un *coin*. Je dois vous signaler ici une particularité qui est spéciale au bœuf : toutes les incisives sont légèrement mobiles dans leurs alvéoles. Chaque incisive ressemble à une palette tranchante et amincie à son extrémité supérieure (fig. 4). L'usure des dents s'appelle *rasement*.

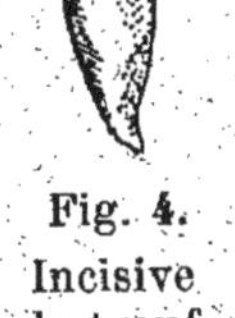

Fig. 4.
Incisive
de bœuf.

Les dents sont enveloppées d'une couche d'émail plus mince à leur face interne qu'à l'externe, ou sur les bords.

Il y a des dents de *lait* ou *caduques* qui tombent à un certain âge, et des *remplaçantes* ou *permanentes*. L'éruption des dents de lait est complète vers le vingtième mois. Les dents de lait se différencient des permanentes par leur volume moindre. Nous envisagerons l'âge au point de vue purement commercial, et comme les marchands de bestiaux, nous admettrons qu'un bœuf à deux ans aura les deux pinces de remplacement, à trois ans, 4 dents (2 pinces et 2 premières mitoyennes) à quatre ans, 6 dents (2 pinces, 4 mitoyennes) ; à cinq

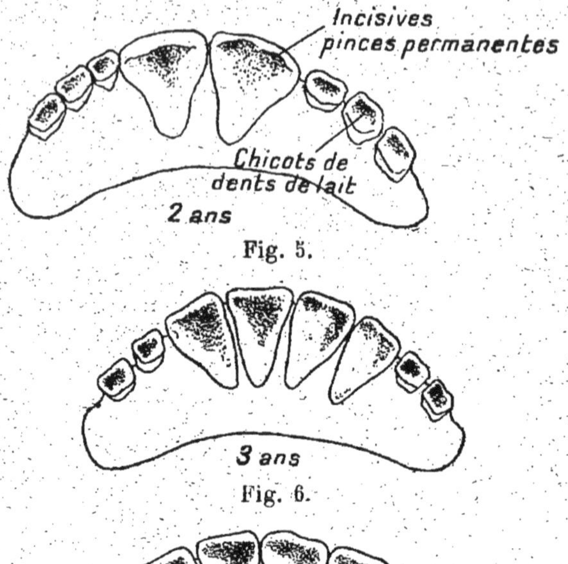

Fig. 5.

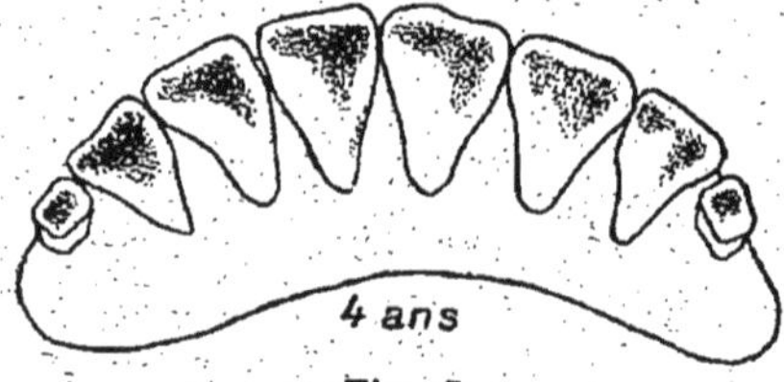

Fig. 6.

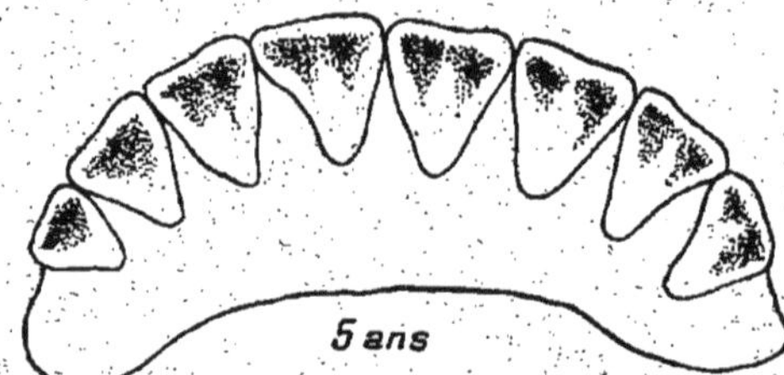

Fig. 7.

Fig. 8.

Age du bœuf par les incisives.

ans, 8 dents (2 pinces, 4 mitoyennes et 2 coins) ; à six

ans, les incisives sont tout à fait développées ; elles forment par leur bord supérieur et tranchant une courbe régulière dont les pinces occupent le point le plus élevé : à ce moment, on dit que la mâchoire est en *rond*.

L'usure du bord tranchant se fait en commençant par les pinces qui sont plus hautes « et successivement jusqu'à ce que cette ligne courbe soit devenue droite, c'est-à-dire que le bord supérieur de toutes les dents soit de niveau ». C'est le *rasement* dont je vous ai parlé plus haut.

La période de *rasement* commence à :

Sept ans, pinces rasées ;

Huit ans, premières mitoyennes rasées ;

Neuf ans, deuxièmes mitoyennes rasées ;

Dix ans, les coins rasées ;

De dix ans à onze ans, la palette étant usée entièrement, la racine arrondie se montre, les dents sont déjà écartées.

Vers onze à douze ans, la mâchoire est au *ras*, l'animal a *rasé*.

A partir de treize à quatorze ans, les dents sont très espacées, il ne reste plus que des *chicots*.

J'appelle votre attention sur les *chicots*. Les dents de lait comme les remplaçantes ont des chicots ; ne les confondez pas, car vous pourriez attribuer l'âge de douze à quatorze ans à un animal qui en aurait à peine deux.

Maintenant, Messieurs, il faut envisager l'âge chez les bêtes de race *commune* et chez les bêtes *améliorées*.

Tout ce que je viens de vous dire au sujet de l'âge se rapporte surtout aux bêtes de race commune.

Observations au sujet de la dentition du bétail amélioré. — L'évolution des dents de lait et leur usure se fait dans les mêmes conditions que pour le bétail *commun*. Mais les dents de remplacement arrivent plus tôt et par suite *s'usent plus vite*. Les animaux de race améliorée se vieillissent plus vite, par les incisives, que le bétail de race commune. Nous avons vu maintes fois des taureaux très précoces du Nivernais-Charolais qui marquaient quatre ans et qui n'avaient en réalité que deux ans et demi à peine. CORNEVIN et LESBRE, dans leur traité de l'âge page 288 disent que la bouche : « *est faite chez les sujets précoces deux ans avant celle des sujets ordinaires.* » Des erreurs grossières ont été faites au sujet de l'âge, surtout chez les animaux précoces ; vous connaissez à présent les causes de ces erreurs ; évitez de les commettre, car cela produit le plus fâcheux effet.

AGE DU MOUTON

Détermination de l'âge par les dents (*incisives*). — L'évolution de la dentition du mouton a beaucoup d'analogie avec celle du bœuf. Le nombre de dents est le même et elles son disposées de la même façon. La forme est différente : les incisives sont étroites et longues, *immobiles* dans leurs alvéoles et leur implantation dans le maxillaire est plus perpendiculaire que pour les incisives du bœuf. L'éruption des incisives est plus précoce, mais elle suit le même ordre que pour le bœuf :

Les pinces permanentes se montrent	—	de 15 à 18 mois ;
Les premières mitoyennes	—	de 19 à 20 mois ;
Les deuxièmes mitoyennes	—	de 34 à 40 mois ;
Les coins	—	de 48 à 54 mois ;

On donne le nom d'antenais à l'agneau qui vient de perdre les pinces de lait. La mâchoire est au rond vers cinq ans. Le rasement et l'usure suivent la même marche que pour le bœuf; mais comme les incisives sont allongées et implantées plus perpendiculairement sur le maxillaire inférieur, elles ne sont pas écartées comme celles du bœuf. Comme pour le bœuf, les moutons améliorés ont les dents de remplacement plus précoces.

Détermination de l'âge du mouton par les cornes. — M. le professeur GIRARD prétendait que les cornes ont de 33 à 35 centimètres chez le mouton adulte.

La première année, elles poussent de 14 à 16 centimètres.
La deuxième année,   —   8 à 11   —
La troisième année,   —   6 à 8   —

Pour le mouton, dans la pratique, on ne regarde que les incisives.

N'oublions pas, Messieurs, que la nourriture a une très grande influence aussi sur la précocité et sur l'usure. L'animal bien nourri est plus précoce que celui qui a une nourriture parcimonieuse et de qualité inférieure. Les aliments grossiers sont plus durs et conséquemment usent plus vite les dents que les aliments fins, qui sont en général tendres.

TROISIÈME CONFÉRENCE

Cette conférence s'adresse plus particulièrement à MM. les officiers d'approvisionnement des corps de troupe et aux officiers d'administration.

Pour ce qui concerne l'hygiène des animaux en marche, nous avons deux cas à envisager.

A) Troupeau voyageant à pied ;

B) Troupeau voyageant en chemin de fer.

Règles générales. — Comme la plupart des règles hygiéniques s'appliquent aux deux cas cités ci-dessus, je vais vous les développer avant de vous parler de celles relatives aux cas particuliers.

Autant que possible, ne mettez le bétail en marche ou dans les wagons *que deux ou trois heures après les repas* ; la digestion étant à ce moment très avancée, les animaux *marchent et voyagent mieux.*

Tâchez d'éviter à vos troupeaux le moment de la grande chaleur, ou le froid trop intense.

En été, faites distribuer le repas du soir vers quatre heures, et mettez vos troupeaux en marche vers sept heures du soir ; pendant la saison d'hiver, faites donner le premier repas vers cinq heures du matin et partez vers huit heures.

Au début, veillez à ce que votre troupeau *aille lentement* ; si vous avez le choix des routes, évitez celles qui bordent les bois (en été) à cause des mouches. N'hésitez pas à employer quelques *chiens dressés* pour la conduite du bétail, si vous en avez sous la main.

En cas de guerre, la réquisition vous permettra de prendre indistinctement tout le bétail, sauf le mauvais (maigre). Vous aurez des troupeaux composés d'animaux bien en chair, gras et même fin gras dans certaines régions d'élevage. Les animaux gras et fin gras engraissés à l'étable ont perdu l'habitude de marcher ; ils ne sont donc pas entraînés, d'où la nécessité de *faire deux lots* : dans le *premier*, vous mettrez ensemble tous les animaux ayant la même allure ; dans le *second* les animaux, qui, à cause de leur état d'embonpoint et du peu d'entraînement, marchent très lentement. Les haltes horaires sont absolument indispensables, surtout dans les premières heures après le départ. Toutes les fois que vous aurez l'occasion de traverser des cours d'eau, laissez boire quelques bonnes gorgées à votre bétail, mais ne lui permettez pas de s'abreuver à satiété.

Une dernière recommandation, Messieurs, à laquelle j'attache, sous tous les rapports, une très grande importance : obligez votre personnel à *traiter les animaux humainement* ; les coups de bâtons donnés à tort et à travers, font du mal au bétail, rendent les animaux moins aptes à la marche (boiteries) et contribuent à endommager la viande.

Donnez lecture de *l'article unique* de la loi Grammont et appliquez-la dans toute sa rigueur, le cas échéant.

« Sont punis d'une amende de cinq à quinze francs et pourront l'être de un à cinq jours de prison, ceux qui auront exercé publiquement et abusivement des mauvais traitements envers les animaux domestiques.

La peine de prison sera toujours appliquée en cas de récidive. »

A) **Marche d'un troupeau en route à pied**. — Sous l'influence de la marche, les animaux dépérissent beaucoup et le dépérissement sera d'autant plus grand que vous aurez moins observé les conseils que je viens de vous donner.

Ce sont surtout les animaux gras et fin gras qui sont le plus éprouvés par les marches; leur dépérissement pour le même trajet est plus considérable que chez les animaux seulement en état de chair. M. MAGNE, professeur d'hygiène vétérinaire, cité par BAILLET (p. 558) dit : Un durham engraissé au haras du Pin, et conduit à pied de cette dernière localité, d'abord à la ferme de Bernay et ensuite à Rouen, a perdu du 4 au 20 avril, 120 kilogrammes ; soit 14^{kg},457 par 100 kilogrammes, ou 7^{kg},58 par jour, ou 0^{kg},960 par kilomètre parcouru.

Pendant les premières heures de marche, les animaux se vident. Le dépérissement sera d'autant plus accentué que les animaux auront eu à souffrir plus longtemps des influences atmosphériques (forte chaleur, froid excessif) de la privation d'eau surtout, d'aliments ensuite et aussi de surmenage.

Je vous recommande donc tout particulièrement de laisser aller les animaux *à leur pas* ; ne les forcez jamais à aller plus vite, sans cela, ils arriveront à destination atteints de *fièvre de fatigue. Un bœuf fatigué ne mange pas,* ce qui constitue une autre cause de dépérissement.

Les longues marches à une allure rapide accélèrent la circulation et la respiration dans de telles conditions qu'il peut en résulter des congestions, *cérébrales, pulmonaires* ou *intestinales* et de la fourbure en cours de route, si vous ne faites pas observer exactement les règles que je viens de vous donner.

Gardez-vous bien de faire abattre des animaux en état de *fatigue* et de *surmenage,* leur *viande est nocive :* elle est d'autant plus dangereuse que les lésions de la fatigue et de surmenage ne sont pas toujours visibles à l'œil nu. Chez les animaux qui ont simplement souffert en cours de route, la viande a perdu la saveur délicate qu'a celle provenant du même bétail reposé ; elle est manifestement *de conservation plus difficile.* Je dois encore ajouter pour être complet que les animaux fatigués et surmenés sont plus aptes que les autres à contracter des maladies contagieuses.

La viande saine a une réaction acide, tandis que la viande fatiguée et surmenée a une réaction alcaline et recèle des leucomaïnes.

Le bétail demi-gras peut faire, s'il est bien conduit, de 40 à 50 kilomètres par jour, en admettant que les voies soient libres. Avec le bétail gras et fin gras, il vous sera difficile de faire plus de 15 à 20 kilomètres et souvent même 10 à peine.

B) **Animaux voyageant en chemin de fer.** — L'officier chargé du convoi doit toujours aller faire la reconnaissance du matériel (wagons) mis à sa disposition. Il s'assurera que les wagons ont été bien *désinfectés* et que les planchers sont *propres* et *bien solides;* et tâchera de connaître le plus exactement possible l'heure du départ du train. En été, dès que vous avez reconnu votre matériel, prenez la précaution de faire mettre les *wagons à l'ombre* et *d'ouvrir largement* les portes et fenêtres quelques heures avant d'embarquer le bétail. Si possible, faites mettre sur le sol une couche de *sciure de bois*, de la *tourbe* ou du sable fin. Après avoir arrosé cette couche, vous mettez de la paille ; de cette façon, votre bétail se fatiguera moins et sera à l'arrivée apte à marcher après quelque temps de repos, si vous avez encore un parcours de route à faire à pied pour gagner votre cantonnement ; en outre, il ne *glissera* pas.

Autant que possible, mettez dans chaque wagon des animaux de *même sexe* et de même *taille* ; si vous mettez des taureaux avec des vaches il faut attacher les taureaux avec une double corde solide.

Le nombre de bêtes à mettre dans le wagon dépend, de la durée du voyage, de leur taille, de leur poids et des dimensions du wagon. On peut par exemple mettre 16 vaches pouvant donner une moyenne de 450 livres de viande dans un wagon de 18 mètres. Dans les wagons moyens on peut en mettre de 10 à 12.

Généralement, on ne met que 8, 10 ou 12 grands bœufs dans les grands wagons. On met de 50 à 80 moutons et de 25 à 40 porcs dans un wagon.

Les longs trajets fatiguent beaucoup les animaux, tant à cause de la position debout, très pénible, qu'ils sont obligés de garder dans les wagons, que de la privation de boissons et d'aliments. A chaque arrêt et pendant toute la durée du trajet, le convoyeur s'assurera que tous les animaux *sont bien debout*. N'oubliez pas, Messieurs, qu'un animal qui, pour un motif quelconque (glissade ou fatigue) tombe ou se couche dans le *wagon est un animal perdu*, s'il n'est pas relevé assez tôt. En effet, les autres animaux le piétinent et s'il ne succombe pas, il a été tellement foulé, meurtri que les muscles étant profondément *ecchymosés*, la viande est *guicheuse* (infiltrée) et de ce fait en partie ou en totalité impropre à la consommation.

Si des animaux *pris de panique* s'échappaient du troupeau quelques heures avant l'embarquement, pour se livrer à des courses folles, laissez-les reposer quelques heures avant de les embarquer, surtout s'il fait très chaud ou très froid. Faute de prendre cette précaution, vous exposez ces animaux à contracter des congestions en cours de route ou à parvenir à destination en état de *surmenage complet*.

Quand vous débarquerez votre bétail, laissez-le reposer un peu, si le trajet a été long; si vous devez traverser des faubourgs ou des villages, *enjarretez* vos animaux. En arrivant au parc, laissez-les se rafraîchir légèrement en les laissant boire un peu; donnez-leur quelques poignées de foin, de paille; puis, deux heures après, faites-leur servir le repas complet.

En général, on n'attache pas les animaux dans les wagons, sauf les taureaux et les animaux méchants.

Je dois encore appeler votre attention sur ce fait que les bœufs *gras* et *fin gras* et plus particulièrement ceux qui ont été engraissés avec des résidus des distilleries et des sucreries, voyagent très mal en chemin de fer. Ces animaux, par le fait de leur état d'engraissement, sont devenus extrêmement lymphatiques; aussi à la moindre fatigue, ils s'affaissent dans les wagons pour ne plus se relever. Je vous engage au cas échéant à prendre des précautions spéciales; si le parcours à effectuer dépasse 800 kilomètres, il faut absolument avec du bétail gras et lourd faire débarquer les animaux tous les 300 kilomètres, pour les faire boire et leur donner au moins trois heures de repos.

On considère que le bétail qui reste deux jours en wagon, sans boire ni manger, perd selon les influences atmosphériques de 15 à 30 livres de viande nette. Un mouton, en cours de route et en attente d'abatage, dépérit d'une livre par jour ($0^{ks},500$) même le mouton algérien, dont la sobriété et l'endurance à la fatigue sont proverbiales.

Le dépérissement se fait par *autophagie* (de deux mots qui signifient : soi-même, manger) ce qui veut dire que l'animal se nourrit en détruisant sa propre substance. Ce phénomène physiologique commence toujours chez les ruminants par la graisse de rognons; nous avons remarqué à l'autopsie, que l'autophagie se fait symétriquement sur chaque rognon, en deux points situés au même niveau (vers le tiers supérieur et inférieur de chaque rognon); c'est ensuite la graisse qui se trouve entre les fibres musculaires qui est consommée.

Un convoyeur peut s'occuper de surveiller 3 à 6 wagons, à condition que le trajet ne soit pas trop long et qu'il ait un camarade pour le suppléer la nuit.

Enfin, je termine ce chapitre par des critiques du matériel fourni par les Compagnies et des dispositions qu'elles prennent pour le transport du bétail.

a) Jusqu'à ce jour, le bétail est encore assimilé, au point de vue transport, à des denrées alimentaires inertes ;

b) Manquer d'empressement à mettre le matériel à la disposition des expéditeurs ;

c) Laisser trop longtemps dans les gares le bétail embarqué ;

d) Manquer de vitesse ;

3.

e) Appliquer des tarifs de transport trop élevés et trop variés ;

f) Au point de vue de la responsabilité, les Compagnies devraient être soumises aux responsabilités que les articles 1382 et suivants du *Code civil* imposent aux voituriers.

Le matériel, wagons, ne répond à aucune des conditions de l'hygiène moderne : nous sommes en retard d'un siècle. La plupart des Compagnies n'ont pas encore le frein Westinghouse, de sorte qu'il arrive, par exemple, que pour passer de la Compagnie d'Orléans à celle de Paris-Lyon-Méditerranée il faut transborder le bétail.

Tous ces nombreux inconvénients disparaîtront du même coup, le jour ou enfin on utilisera pour la mobilisation l'emploi de la viande *refroidie* et *congelée*.

INSTALLATION DU BÉTAIL

Toutes les fois que la saison vous le permettra, faites camper le bétail dans les prairies, où il trouvera toujours plus ou moins à manger. Si les animaux ne peuvent pas s'alimenter suffisamment dans la prairie, faites-leur donner le soir, sur place, un complément de ration : fourrages secs, foin, regains, paille ou tourteaux, en un mot l'aliment que vous aurez à votre disposition. Les animaux qui auront séjourné dans de bonnes étables ou de bons pâturages bouderont et refuseront la nourriture plus commune que vous leur offrirez en campagne ; il faudra faire abattre plus tôt tous ceux qui ne mangent pas régulièrement. En plein air, les animaux se reposent mieux de leurs fatigues occasionnées par les marches et les longs voyages et quelquefois les privations de toutes sortes.

N'oubliez pas que les trois facteurs : *grand air, chaleur* et *lumière* ont une puissance considérable sur la nutrition et la santé des animaux ; on a bien raison de dire que le *grand air nourrit.* Je dois ajouter que les animaux peuvent rester la nuit dehors par des températures assez rigoureuses ; dans certains pays d'élevage, ils restent dans les prés jusqu'à la Noël ; il arrive même que dans quelques pâturages abrités, on laisse en permanence certains animaux, les vaches plus spécialement, qui par suite de vêlage sont trop maigres pour être vendues, ou bien des bœufs qui ont eu des accidents. Les éleveurs ont remarqué que le bétail qui passait tout l'hiver *sur le pré,* engraissait avec une rapidité étonnante le printemps prochain.

A défaut de prairies, cherchez de grandes fermes pourvues de larges cours et de vastes hangars ; mais ayez le soin de faire mettre tous les instruments aratoires dans un coin, de façon que les animaux ne puissent pas se blesser.

L'officier d'approvisionnement n'installera son parc autant que possible, que dans un endroit abondamment pourvu d'eau. Le bétail doit être abreuvé au moins deux fois par jour, les animaux fatigués souffrent de soif ; les abreuvements abondants et répétés plusieurs fois par jour délassent le bétail et atténuent le dépérissement. Les bêtes ne doivent pas être trop serrées. Celles qui sont fatiguées doivent pouvoir se coucher ; sinon, le dépérissement est plus accentué, la fatigue étant la cause principale de l'inappétence. Le troupeau étant bien installé dans l'ensemble, l'officier d'approvisionnement doit se préoccuper de chaque bête en particulier. Après le premier repas, il est nécessaire de séparer les animaux boiteux (blessés) et de les faire abattre *hors tour,* s'ils n'ont pas de fièvre. S'il croit reconnaître des animaux suspects ou atteints d'une maladie contagieuse, il doit s'empresser d'appeler le vétérinaire qui, les cas étant confirmés, fera aux autorités compétentes la déclaration prévue par les loi et règlement en vigueur, et prendra des mesures nécessaires ; ces mesures peuvent aller jusqu'à l'abatage sur place de tout le troupeau.

Aussi, il convient de dire encore une fois de plus que pour éviter ces gros ennuis qui entravent tous les services, les pertes d'argent et la propagation des maladies contagieuses, il y a lieu de constituer dès le temps de paix, des réserves de viandes congelée et refroidie qui seraient distribuées pendant les périodes de conflit et de grandes manœuvres.

Depuis 1891, nous demandons avec insistance la création d'usines frigorifiques qui seraient placées non loin des stations-magasins, pour pouvoir les ravitailler. En 1908, nous avons fait partie de la Commission nommée au ministère de la Guerre pour étudier la création de nouvelles boucheries militaires. A ce moment-là, nous avons émis le vœu qu'il fallait, avant tout, créer des usines frigorifiques.

D'après les échos qui nous sont revenus des dernières guerres — Chine, 1900-1901 et guerre russo-japonaise — ; les diverses puissances engagées dans ces conflits (Allemands, Russes, Italiens et Anglais) avouent que la mortalité du bétail a atteint 50 p. 100 et la viande distribuée provenant des animaux *réputés en bonne santé* était de qualité inférieure et généralement maigre et très maigre.

Une mortalité aussi élevée a eu pour cause : la fatigue occasionnée par la traversée ; la mauvaise installation du bétail dans les navires ; le manque de nourriture, d'abreuvements, de soins dans les parcs ; et enfin la peste bovine.

A notre avis, il est temps de renoncer au mode de ravitaillement des troupes en viande fraîche produite par les animaux constituant des troupeaux mobilisés.

Nous n'avons à envisager ici que la ration d'*entretien*, c'est-à-dire celle qu'on donne aux animaux qui ne sont soumis à aucun travail. Le but à atteindre est d'empêcher le plus possible le dépérissement du bétail qui vous est confié.

Cette ration est déterminée d'après la taille et le poids des animaux. On admet par exemple, qu'un bœuf doit toucher comme *ration d'entretien* en foin 1/30 de son poids vif. (On détermine le poids vif, l'animal étant à jeun.)

Si vous pouvez distribuer vos repas et faire vos abreuvements d'une façon régulière, faites-le ; au cas contraire, avisez aux moyens de suppléer de votre mieux à tout ce qui pourrait manquer.

Voici une liste des aliments que vous pouvez utiliser, selon les saisons et les contrées où vous aurez à vous ravitailler :

Foin de pré naturel ; regain de pré naturel ; foin de luzerne ; foin de trèfle ; paille de froment.

Paille d'avoine ; nous avons remarqué que le bétail nourri exclusivement avec de la paille d'avoine pendant cinq ou six jours avant d'être abattu se *tuait très clair*. Paille de seigle ; paille d'orge. Les *pailles fourragères*, celles qui contiennent des plantes herbacées telles que la luzerne, le trèfle, la folle avoine, etc., sont plus nutritives et plus recherchées par le bétail.

Balles de froment ; cosses des légumineuses et siliques des crucifères. (Série d'aliments dont le pouvoir nutritif est supérieur à celui des pailles.)

Fourrages verts. — Luzerne verte; trèfle vert; feuilles de betteraves; feuilles de carottes; feuilles de maïs; fanes de topinambour; betterave champêtre; rutabaga; turneps; carotte blanche; panais; topinambour; potiron; choux pommés.

Fruits. — Pommes et poire à cidre.

Grains. — Blé; seigle; orge; sarrasin; avoine; maïs; millet; féverolles; vesces; pois; riz; graine de lin.

A cette longue liste d'aliments propres à l'alimentation du bétail, il faut encore ajouter : les *feuilles* et *feuillards*; pendant les années de sécheresse, on distribue aux animaux des feuilles d'orme, de vigne, de peuplier, de mûrier, de charme, de noisetier, de bouleau et de frêne.

Des *marrons* d'Inde et des châtaignes.

Des *farines* et des *sons*; et aux colonies la *caroube*.

Enfin des pommes de terre cuites, des tourteaux de colza, de lin, de noix et d'œillette; des résidus des sucreries et du marc de raisins.

Si, dans certains centres, vous ne trouvez que des aliments inférieurs (foins de troisième qualité en voie d'avarie, de pailles mal récoltées); vous pouvez néanmoins les distribuer en les faisant arroser au préalable d'eau salée à saturation.

INSTALLATION DES ABATTOIRS

Les abattoirs étant rangés dans la première classe des établissements dangereux, *insalubres* ou incommodes, et, bien que les règlements militaires dispensent de l'enquête de *commodo* et *incommodo*, il est prudent de faire cette enquête pour éviter tout conflit éventuel.

Il est absolument indispensable que tout abattoir militaire soit édifié :

1° Près d'un *cours d'eau ;*

2° Il doit être relié par un quai de *raccordement* spécial à la gare des marchandises. Si ces deux conditions essentielles ne sont pas remplies, le fonctionnement se fera très mal, tant au point de vue de l'hygiène générale qu'à celui de la fatigue du personnel. La voie de raccordement procure en outre les avantages suivants :

A) Éviter la propagation des maladies contagieuses et surtout de la fièvre aphteuse, dont le microbe est si subtil ;

B) Eviter les accidents qui se produisent trop fréquemment ;

C) Faciliter et réduire considérablement le travail de débarquement, qui prend presque une demi-journée.

D) Faciliter les expéditions des issues (peaux, ventres, os, etc...) et aussi les envois de viande au moment de la mobilisation.

Jusqu'en ces dernières années et sauf quelques rares exceptions, nos abattoirs ne répondaient à aucune des conditions imposées par les progrès hygiéniques modernes. Encore un regret à exprimer ; de ce côté aussi les Allemands nous ont devancés : « la visite des abattoirs allemands est pleine d'enseignements et doit être recommandée actuellement comme la condition première dans toute enquête visant la construction d'un abattoir » (Dr Moreau, *Abattoir moderne*, page 41)

M. Marange, vétérinaire départemental à Nancy, dans son très intéressant rapport de 1905 ajoute : « nulle part on ne trouve d'échaudoirs réservés à un ou plusieurs bouchers; partout on ne voit que des halles d'abatage où tout se pratique au grand jour sous l'œil de tous.

Signalons encore le pavage, le revètement des murs, l'écoulement des liquides, l'aération et l'éclairement des locaux, les appareils de soulèvement et de transport des animaux abattus, le service des coches ou voirie où sont portés et vidés les organes digestifs, l'abatage et la préparation des porcs, l'installation de la triperie, celle de la machinerie qui fournit dans tout l'établissement l'eau chaude, la vapeur et la force électrique, les chambres frigorifiques qui existent dans tout abattoir un peu important et même dans certaines petites villes etc., etc. ». Comme on le voit par ce court exposé, les abattoirs en Allemagne sont aussi parfaits que possible.

En France, l'abattoir d'Angers, dû à l'initiative de MM. Foucher, vétérinaire principal en retraite et à celle de M. Mallet, vétérinaire-directeur de l'abattoir de cette ville, est cité comme modèle. Cet exemple a été suivi et depuis quelques années, beucoup de municipalités françaises se préoccupent de doter leur ville d'un abattoir remplissant toutes les conditions du confort moderne. Pour Toul, en nous plaçant au point de vue de la mobilisation, il faudrait à notre avis un abattoir permettant d'alimenter 100.000 personnes. L'édification d'un tel établissement avec usine frigorifique et quai de débarquement, logement du personnel compris, nécessiterait environ trois hectares de terrain. En tout cas, il y a lieu de recommander de prendre la plus grande surface possible.

Passons maintenant très brièvement en revue les différents locaux qui doivent constituer un abattoir moderne.

Salle d'abatage. — Pour les établissements militaires de ce genre, nous rejetons d'emblée les salles d'abatage divisées en plusieurs *cases*. Autant que possible, l'abatage des animaux doit se faire dans une *tuerie* ou *halle* commune pour tous les ruminants, taureaux, bœufs, vaches et moutons ; les porcs seuls, à cause des manipulations spéciales qu'ils doivent subir immédiatement après la mort, doivent être préparés dans une salle particulière.

Le sacrifice de tous les animaux dans une même *halle* présente des avantages très importants.

A) Surveillance plus facile du personnel ;

B) Inspection plus rapide et plus efficace ;

C) Suppression des vols et des fraudes ;

Au sujet des vols et fraudes, nous empruntons les quelques lignes qui vont suivre au remarquable travail du Dr Moreau, vétérinaire sanitaire, auteur de *l'Abattoir moderne*. « La substitution d'un organe malade à un organe sain provenant d'un échaudoir voisin est des plus faciles, plus encore que dans le hall d'abatage. L'Inspecteur opérant dans un échaudoir (case), ne peut voir ce qui se passe dans les autres cases, ni dans la cour qui assure une libre communication entre les différents échaudoirs. L'observation journalière démontre que ce ne sont pas là de simples hypothèses ; des organes malades, des viandes consignées, ont fait l'objet de manipulations, de substitutions délictueuses dans le mystère de l'échaudoir soigneusement clos : ce qui n'aurait pu être exécuté au grand jour du hall commun, car il y a à tenir compte de la surveillance mutuelle des bouchers les uns sur les autres et de l'amour-propre du personnel de la boucherie qui s'opposent dans une certaine mesure à ce que de semblables pratiques aient lieu publiquement. » On ne saurait mieux dire. Je vous ai fait cette longue citation pour vous mettre en garde contre les fraudes qui se pratiquent dans les abattoirs.

Le hall doit être placé à proximité des étables et au voisinage des chambres frigorifiques.

D'après Schwarz, vétérinaire allemand, auteur d'un ouvrage des mieux documentés sur les abattoirs, « quatre treuils suffisent pour 5.000 habitants et il faut compter un treuil pour 3.000 habitants et plus. »

Le *sol* doit être imperméable, facile à *nettoyer* ; il doit reposer sur une couche de béton. L'*éclairage* doit être aussi parfait que possible, la *ventilation* large et absolument ininterrompue. On doit faire usage du treuil de sûreté (Diemer-Edelmann).

Pour l'*abatage des porcs*, la *case* doit être installée avec un brûloir ou un appareil d'échaudage.

Pour la triperie et ses annexes, les bouveries, bergeries, porcheries, greniers à fourrages, dépôts de fumiers, dépôt de cuirs et peaux, dépôts de suifs, urinoirs et cabinets; pour la désinfection des eaux résiduaires et la destruction des viandes saisies, je vous engage à consulter les ouvrages très intéressants :

1° L'*Abattoir moderne*, du D' Moreau, vétérinaire sanitaire à Paris.

2° Les *Abattoirs de MM. Martel, Mallet et Loverdo*.

Vous trouverez dans ces ouvrages des détails très circonstanciés.

MODES D'ABATAGE ET D'HABILLAGE
DES ANIMAUX

Avant d'être abattu, l'animal doit jeûner pendant vingt-quatre heures ; cela « dans le but d'éviter la stase

Fig. 9.

veineuse qui accompagne la digestion ; pour permettre au sang de se purifier par la mise en réserve ou la destruction des principes absorbés » (Dr PAGÈS, vétérinaire sanitaire). Les bouchers disent que pendant le jeûne l'animal se *purge,* se *purifie, s'assainit.* De plus, l'animal se repose. Malheureusement beaucoup de bouchers oublient souvent de faire jeûner le bétail à abattre.

Les grands ruminants sont *assommés* à l'aide de

l'appareil Bruneau (masque) qui est réglementaire dans l'armée.

Cet appareil abrège les souffrances de l'animal et sauvegarde la sécurité de l'opérateur ; en outre, par ce procédé, la cervelle reste à peu près intacte. L'appareil

Fig. 10.
Masque Bruneau.

est composé d'un masque en cuir qui porte en haut de la partie médiane (voir figure 9) une plaque métallique percée d'une ouverture cylindrique ; cet orifice reçoit le boulon à *creusure* qui sert à perforer l'os frontal. Ce boulon pénètre dans le crâne de l'animal par un coup de massue donné vigoureusement par l'homme chargé de l'abatage (fig. 10).

Dès que l'animal est tombé sur le sol, on arrête les mouvements désordonnés auquel il se livre, en introduisant une baguette par l'orifice du masque, baguette qui va détruire la moelle dans le canal rachidien. On pratique ensuite la saignée.

Je vous dirai pour mémoire que tous les autres procédés d'abatage : *égorgement* (procédé israélite), abatage par l'assommement (massue), l'*énervation*, l'*énucage* (section de la moelle épinière) sont plus ou moins barbares et dangereux; certains demandent beaucoup d'adresse. Il en est de même du fusil de STOFF, du pistolet de BEHR et de la lance de TREVERSAN.

Abatage du mouton. — Cet animal ayant les quatre membres solidement attachés, est *égorgé*.

Abatage du porc. — Le porc est assommé par un coup de massue à la nuque et saigné immédiatement après.

HABILLAGE DES ANIMAUX

L'*habillage* a pour but de dépouiller, de vider et de séparer l'animal en deux parties à peu près égales, par la section de la colonne vertébrale dans toute sa longueur au moyen d'un *fendoir* spécial.

Pour abattre et habiller le bétail, les hommes se divisent par équipes de 3 ou 4. Chaque équipe a à sa disposition :

Un appareil Bruneau et tous les accessoires ;

Un *fendoir* pour séparer le bœuf en deux parties ;

Un *couperet* ;

Un *fusil* pour repasser les couteaux ;

Et cinq couteaux de diverses dimensions dans un étui appelé *boutique*.

Il y a des *tinets* en fer et en bois ; mais l'installation nouvelle comporte des barres-écarteurs de levage qui facilitent beaucoup le travail.

TRAVAIL DU BOEUF, VACHE OU TAUREAU

Les hommes doivent être munis de linges extrêmement propres. Ces linges sont destinés à éponger les parois thoraciques et abdominales.

L'animal, ayant été abattu au moyen de l'appareil Bruneau, est immédiatement saigné; le sang qui appartient à un adjudicataire est recueilli et versé dans un récipient spécial.

Pour rendre la saignée aussi complète que possible, un homme pratique le *foulage*. Pour cela il attache une corde au canon du membre antérieur qui se trouve placé en dessus et en appuyant un pied sur le thorax et tirant sur la corde, il pratique un mouvement de va-et-vient [1]. L'animal est ensuite placé sur le dos, la tête séparée de ses cornes et retournée, faisant ainsi fonction de cale pour le tronc, les hommes de l'équipe s'employant à le dépouiller. Dès que la peau est détachée des membres postérieurs et du dos, on s'empresse d'élever l'animal à l'aide du *tinet* ou *de la barre-écarteur*, rattaché au *treuil simple* ou *perfectionné* et aussitôt commence l'éviscération par l'ouverture du ventre.

Un ouvrier spécial fait tomber les estomacs avec la rate, les intestins, l'utérus (chez la femelle, etc., etc.). Pour empêcher les estomacs de se vider dans la poitrine on noue l'œsophage (*l'herbière*) à quelques centimètres du cardia.

---

[1] On nous affirme qu'en certaines parties de l'Angleterre dans le but de conserver à la viande toutes ses propriétés nutritives et aussi tout son sérum, qui la rend si juteuse, on procède à l'asphyxie de l'animal par l'introduction de l'air dans les plèvres. Naturellement cette viande doit être consommée dans le plus bref délai.

Pendant qu'un autre garçon ouvre le *coffre* (cavité thoracique), les estomacs et les intestins sont livrés *après inspection* à un employé spécial qui pratique la *dégraisse* (action de vider et de dégraisser le *menu* (intestin grêle) et la *panse* (*rumen*); détache le mésentère ou *ratis*. Un autre s'empare du foie et du pancréas (adhérents) qu'il dépose sur la table d'inspection des issues ; on met sur chaque issue le numéro de l'animal abattu. Le coffre étant ouvert, les poumons ne sont complètement détachés que si leurs *ganglions* ne sont pas tuberculeux. Dans le cas de tuberculose, ils restent adhérents à la cavité thoracique [1] ; la peau et les cornes restent adhérents à la tête [2], pour pouvoir identifier l'animal en cas de contestation ; le signalement de l'animal est pris, et le vétérinaire qui a constaté fait immédiatement la déclaration à l'autorité administrative (Préfet) sans passer par la voie hiérarchique à qui il rend compte après.

Si la saisie est totale, le propriétaire de l'animal est avisé par dépêche afin qu'il puisse venir reconnaître sa bête ou provoquer une contre-expertise. Pour les autres maladies contagieuses, on fait en même temps la déclaration au maire de la Commune où se trouve l'animal abattu (Code rural article 31).

---

[1] Le boucher dit que l'animal est *gâté* (tuberculeux).

[2] La partie du crâne qui reste entre ces deux cornes, est appelée *canard*.

[3] Quand un animal est tuberculeux, le propriétaire a recours contre l'État ; sur sa demande accompagnée d'un procès-verbal de saisie et d'un procès-verbal d'estimation approuvé par le vétérinaire départemental et le préfet, il peut obtenir une indemnité du ministre de l'Agriculture.

INSPECTION DES ABATS

L'inspection des abats a une importance capitale. Votre expertise sera incomplète, empirique même, si vous n'avez pas visité d'une façon *très minutieuse* et *non hâtive* tous les abats.

L'inspection des ganglions vous permettra de trouver les moindres vestiges de tuberculose et vous pourrez ainsi *motiver* vos saisies d'une façon aussi rationnelle que scientifique.

Si toutes les autopsies étaient faites avec goût, soigneusement et méthodiquement, on ne parlerait guère des *défaillances* de la *tuberculine*, ce si merveilleux réactif de la tuberculose, qui permet de diagnostiquer sûrement la redoutable maladie. Avant de prendre une décision au sujet de la tuberculose, soit locale, soit généralisée, vous inspecterez tous les ganglions *viscéraux* et ensuite les ganglions *intermusculaires*.

Examen du sang. — Si vous vous trouvez dans la salle d'abatage au moment où l'animal est saigné, ne perdez pas l'occasion de jeter un coup d'œil sur les caractères du sang. Ce liquide doit être *rutilant*, quand l'animal est parfaitement sain et non fatigué ; la coagulation d'un tel sang se fait en quelques minutes.

Méfiez-vous du sang *noir*, poisseux, qui tache les doigts ; il indique que l'animal sacrifié est *surmené* ou *malade;* n'hésitez pas à en prélever quelques gouttes pour en faire l'examen au microscope, et au besoin, faites aussi des inoculations au cobaye. Ces précautions vous amèneront à faire la découverte de certaines maladies contagieuses (charbon, etc., etc.). Le sang qui contient des microbes doit être dénaturé.

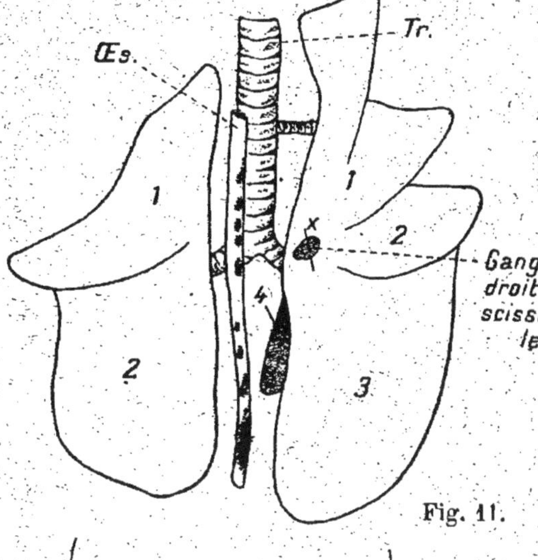

Fig. 11.

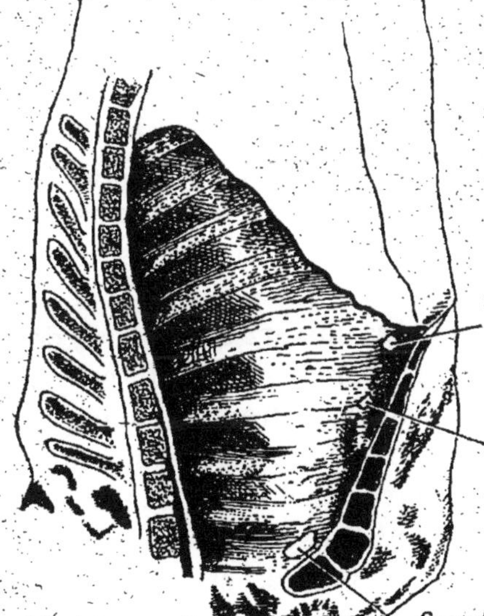

Fig. 12.

Ganglions bronchiques et thoraciques.

Examen du poumon et de la trachée. — Je vous engage à commencer votre inspection des abats par le poumon ; car au point de vue de la tuberculose, c'est l'organe qui est le plus souvent atteint. Profitez de votre autorité pour *empêcher que le poumon soit soufflé* avant votre visite; car l'insufflation faite à outrance peut cacher des lésions inflammatoires et parasitaires disséminées dans le parenchyme.

Les poumons du bœuf sont un peu dissemblables ; le droit a quatre lobes inégaux et est plus petit que le gauche qui n'a que deux lobes.

Cet organe étant accroché par la trachée, vous examinez le feuillet viscéral de la plèvre, qui doit être parfaitement lisse et exempt de lésions inflammatoires et parasitaires, puis vous pressez avec vos doigts successivement de haut en bas chaque lobe pour constater si le parenchyme est sain.

Les *ganglions* du *médiastin* doivent être examinés les uns après les autres en pratiquant sur chacun plusieurs incisions parallèles pour dépister les tubercules. Les ganglions *médiastinaux antérieurs* sont plus petits que les *postérieurs*[1]; ces derniers sont plus souvent atteints que les premiers.

Les ganglions *bronchiques* doivent être incisés de la même façon; le *prétrachéobronchique* gauche est placé haut, entre l'œsophage, l'aorte, le tronc bronchique et la trachée, il a les dimensions d'une grosse amande ; le *bronchique droit* se trouve situé dans une scissure placée entre deux lobes, fait souvent défaut ; quand il existe, il est d'un volume très réduit et se cache par-

---

[1] Deviennent très gros, atteignent quelquefois le poids de cinq kilos (Je vous en ai montré d'énormes plusieurs fois).

fois sous le tissu pulmonaire. J'ai remarqué que le *ganglion gauche était atteint de tuberculose au moins huit fois plus souvent que le droit* (fig. 12).

N'oubliez jamais d'ouvrir la *trachée*, qui très souvent est le siège d'ulcérations tuberculeuses, plus particulièrement du côté du larynx.

En règle générale, quand le poumon est le *seul* organe reconnu tuberculeux, nous faisons la déclaration de la maladie à l'autorité compétente (Préfet), sans pousser nos investigations du côté des ganglions intermusculaires ; mais, si un autre organe splanchnique est atteint, nous procédons à l'examen des *ganglions intramusculaires*, dans le but de nous rendre compte de la généralisation du processus tuberculeux.

Les ganglions des poumons du mouton et du porc sont toujours examinés comme ceux du bœuf. La tuberculose est excessivement rare chez le mouton et encore plus rare chez la chèvre : presque tous les poumons du mouton sont saisis pour *strongylose*.

Autres motifs de saisie : abcès, actinomycose et les échinocoques.

CŒUR

On peut rencontrer à la surface du cœur des végétations tuberculeuses (péricardite) et dans son épaisseur ; la *ladrerie* (tænia inerme) ; pour découvrir cette dernière affection, faites de larges incisions sur cet organe. Il vous arrivera de découvrir aussi des lésions inflammatoires entraînant la saisie de cet organe : *cardite* et *péricardite*. Le long de l'aorte et entre les deux aortes on trouve quelques petits ganglions lymphatiques qu'il faut toujours consulter.

ESTOMACS. — INTESTINS
GANGLIONS MÉSENTÉRIQUES ET DE L'ÉPIPLOON

L'*estomac* des bovins, d'une très grande capacité, est divisé en quatre compartiments : la *panse*, le *réseau*, le *feuillet* et la *caillette*; ils peuvent contenir ensemble de 240 à 280 litres de liquide selon la taille et le sexe.

Il y a de nombreux ganglions à la surface des estomacs, le long des vaisseaux et dans les sillons qui séparent les divers estomacs.

Intestins. — Pour faciliter le travail de la *dégraisse*, il faut examiner les ganglions de l'intestin dès qu'il est retiré de la cavité abdominale.

Les ganglions sont disséminés le long de la *grande mésentérique. J'attire tout spécialement votre attention*, sur ces ganglions qui sont très souvent atteints de tuberculose, même quand on n'a trouvé aucune trace de cette maladie ailleurs ; presque chaque fois qu'il existe des lésions de péritonite chronique, même très limitée, avec ou sans abcès, ces ganglions sont le siège de lésions tuberculeuses. Dans certains cas de tuberculose, ils suivent sous forme de boudins le bord concave de l'intestin.

Le ganglion *anal*, que je vous ai fait toucher plusieurs fois (dans le maniement du cimier) termine la chaîne des ganglions de l'intestin.

Examen du foie et pancréas. — Les ganglions du foie, au nombre de trois à cinq, se trouvent près du hile, un ou deux sous le pancréas (*fagoue*). Le foie est souvent atteint de tuberculose.

Autres motifs de saisie. — Le principal motif de saisie est la *distomatose* (douves), foie *nerveux* : les canaux biliaires sont sclérosés et ont tout à fait l'aspect de cordons blancs. Pour rechercher les douves, il faut ouvrir les canaux biliaires. Echinocoques.

RATE

On peut admettre *a priori* que toutes les fois que la tuberculose est généralisée, la rate renferme des granulations tuberculeuses. Les lésions tuberculeuses que l'on rencontre fréquemment à la surface de la rate dans les cas de tuberculose péritonéale ne doivent pas être classées comme lésions spléniques propres ; ce sont encore des lésions du péritoine. On y rencontre aussi des tumeurs, des abcès et des infiltrations sanguines, motifs de saisie.

Vous trouverez toujours la rate appliquée sur le sac gauche de la panse ; elle est dépourvue de ganglions lymphatiques.

REINS

Les lésions tuberculeuses sur les reins sont relativement rares ; mais ces organes sont souvent le siège d'abcès volumineux contenant en abondance du pus plus ou moins mélangé à du sang. On saisit les reins atteints de *néphrite,* d'*hydronéphrose* et de *calculs.* Les ganglions lymphatiques à consulter sont ceux de la région sous-lombaire ; le ganglion *rénal* se trouve placé en face du hile de chaque rein.

MAMELLES

Très fréquemment, vous trouverez les ganglions *rétro-mammaires* atteints de *tuberculose,* surtout chez les vaches âgées. Il faut examiner très minutieusement cet organe, car dans beaucoup de villes, les pauvres l'achètent pour faire le pot-au-feu. La mamelle entre dans beaucoup de préparations faites avec de la charcuterie. Prenez la précaution de faire mettre les mamelles et la rate à côté du poumon; car les ouvriers bouchers ont une tendance à les faire disparaître. Les autres motifs de saisie sont : la *mammite*, les inflammations de nature *spécifique*, les abcès et les tumeurs.

UTÉRUS

Il arrive quelquefois que, pendant les grandes manœuvres, les officiers d'approvisionnement achètent des vaches qui ont mis bas depuis quelques jours. Si vous avez l'occasion de visiter les animaux sur pied, portez vos regards du côté de la vulve, et si vous constatez le moindre écoulement, il y a lieu de craindre une affection *puerpérale*. Après la mise bas, certains propriétaires redoutant les complications de la fièvre puerpérale, vendent leurs vaches avant qu'elles soient remises des fatigues de la parturition. L'utérus est souvent atteint de tuberculose; plusieurs fois nous avons constaté son envahissement par des *tumeurs malignes* (cancer).

VESSIE

Dans les cas où vous avez des soupçons sur une affection charbonneuse, il est bon d'explorer la vessie, et d'examiner l'urine, qui offre alors des caractères particuliers.

INSPECTION DE LA TÊTE

Nous avons adopté la méthode d'inspection d'Os-
TERTAG de Berlin ; la tête est suspendue par l'espace
intermaxillaire, la langue retournée, présentant sa face
supérieure, les masséters adhérents par une extrémité
au maxillaire inférieur. La tête étant ainsi disposée, il
vous sera très facile de voir si la langue est atteinte de
fièvre *aphteuse* (ulcères). La langue est souvent infectée
de tuberculose; dans ce cas, elle est *dure comme du
bois*. L'*actinomycose* n'y est pas rare, cette affection
prend généralement la forme d'une ulcération qui ressemble beaucoup à la tuberculose et qui siège sur la
face supérieure, à la base de la partie renflée. Chaque
fois que j'ai rencontré cette ulcération sur la langue,
j'ai constaté des petits foyers d'actinomycose sur le
maxillaire supérieur, partie externe et interne. Les
animaux contractent cette affection en mastiquant des
graminées et des épis porteurs du germe.

Nos hommes (garçons bouchers) savent préparer la
langue de telle façon que les ganglions *rétro-pharyn-
giens* y soient toujours adhérents, ainsi que les *sous-
glossiens*.

Pratiquez toujours une incision sur les *amygdales*
qui sont très souvent gorgées de pus. La tuberculose
ne les épargne pas non plus.

Les *masséters* sont examinés au point de vue des
cysticerques (tænia interne). Pour les mettre à découvert, nous pratiquons des coupes très rapprochées dans
le tissu musculaire, parallèlement au maxillaire inférieur. En France, cette affection est très rare.

CERVELLE

Cet organe contient très souvent des *cénures* ; la tuberculose y est assez fréquente (saisir la cervelle atteinte).

EXAMEN DES PIEDS

Au point de vue de la fièvre aphteuse, il est toujours bon d'examiner les pieds ; s'il y a des pustules ou des ulcères, ces extrémitées doivent être désinfectées ou plutôt ébouillantées, avant de les livrer aux tripiers.

QUATRIÈME CONFÉRENCE

« La viande est l'aliment indispensable au complet développement des hommes et des peuples, indispensable entre tous, et en plus grande proportion aux peuples du Nord et, à qualité égale de climat, aux classes laborieuses et surtout à celles des villes. Fait capital et qu'on ne saurait trop dire, trop répéter, trop répandre, trop vulgariser. Pas une administration ne devrait l'ignorer pour la population confiée à sa direction, pas un père pour ses enfants, pas un homme pour lui-même. On peut remplacer le vin, le pain lui-même; mais il est deux aliments dont aucun ne peut tenir complètement lieu : le lait d'abord, plus tard la viande. » Geoffroy Saint-Hilaire.

« Aucun aliment ne reproduit la chair avec la même rapidité que la viande en même temps qu'elle restaure la substance musculaire usée par le travail. » Liébig.

J'ai cru bon, Messieurs, de placer ces deux citations d'hommes éminents en tête de cette conférence parce qu'elles reflètent bien ma pensée au sujet de l'aliment viande et qu'elles s'appliquent bien à l'hygiène alimentaire de nos soldats. La ration du soldat étant relativement minime ne peut pas provoquer l'acidose qu'on reproche tant à l'alimentation carnée[1].

L'alimentation du soldat doit avoir un double but :

1° Achever complètement le développement de l'organisme, qui, dans la majorité des cas, n'est pas atteint, quand le soldat arrive au régiment.

2° Lui donner de la vigueur pour lui permettre de lutter contre les accidents de l'acclimatement, les influences atmosphériques, le travail intensif auquel il est soumis en raison du service réduit de deux ans et du surmenage qui peut en résulter (selon le tempérament des hommes). Or, Messieurs, vous n'ignorez pas que tout *surmené* est un *candidat* : à la tuberculose et à la *fièvre typhoïde*, deux fléaux qui font encore trop de ravages dans l'armée.

Les hommes les plus énergiques sont ceux qui consomment le plus de viande, l'aliment par excellence du travailleur. En France, la consommation moyenne par tête est de 12 kilogrammes par habitant (94 à Paris), un Anglais consomme 62 kilogrammes par an, en moyenne.

Dans cette conférence, nous aborderons résolument la science qui a pour but d'*inspecter les viandes* : animaux entiers coupés en deux sur les *pentes* à l'abattoir; animaux en morceaux, à l'étal.

En terme de *boucherie*, la viande est ce qui reste de l'animal sacrifié, dépourvu des abats et des issues, autrement dit les quatre quartiers (VILLAIN et BASCON).

---

[1] La cuisson développe de *l'osmazôme*, principe savoureux du bouillon, qui constitue un condiment naturel de la viande. L'osmazôme est à la viande ce que la caféine est au café (Linossier).

J'ajoute que la chair des poissons ne prend pas le nom de viande.

La chair des animaux de boucherie est considérée comme un aliment complet : elle contient de 72 à 74 p. 100 d'eau ; *plus elle est maigre, plus elle contient* d'eau. Voilà pourquoi il est indiqué de rejeter les viandes maigres de l'alimentation du soldat.

L'usage de cet aliment précieux s'est répandu partout et malgré les progrès réalisés par l'élevage en ces dernières années et l'accélération des moyens de transport, le prix va toujours en augmentant. Il est vrai de dire que notre bétail étant très recherché, nous exportons plus de 80.000 têtes de gros bétail par an et environ 60.000 moutons ; aujourd'hui, il n'est guère de petit village qui, une ou deux fois par semaine, sinon tous les jours, ne reçoive des approvisionnements de viande fraîche ; on peut même dire que chaque village, si petit soit-il, a sa *tuerie particulière*.

La viande *saine* est celle qui provient des animaux abattus en bon état de *santé* et non *fatigués* ou *surmenés* ; — quartiers isolés — morceaux débités d'une distribution.

Une fois de plus, on a raison de dire que Paris est la ville lumière. C'est en effet notre capitale qui fut le berceau de la science de l'Inspection vétérinaire rationnelle des viandes. Cependant, je dois dire que le premier livre didactique écrit sur cette matière, ayant un caractère réellement scientifique et pratique, date de 1878 et est dû à la plume de M. BAILLET vétérinaire inspecteur à Bordeaux. Ce remarquable travail mérite d'être consulté encore aujourd'hui ; il est toujours d'actualité pour la majorité des questions qui y sont traitées. Vient ensuite le *Manuel de l'Inspecteur des viandes* par VILLAIN et BASCOU, avec la collaboration d'une élite d'Inspecteurs (1890) ; il est bien conçu et marque un très réel progrès.

Mais les Allemands ne sont pas restés impassibles en présence des progrès réalisés en France ; ils ont su s'assimiler très vite nos méthodes en les perfectionnant ; aussi peut-on dire qu'ils sont passés maîtres en la matière. Chez eux l'Inspection, est, dans l'ensemble, mieux organisée que dans nos pays. OSTERTAG, de Berlin, en est l'un des maîtres incontestés.

La *viande* est la chair des animaux dont on se nourrit ; elle est constituée par le tissu musculaire, association de fibres striées. Mais n'oubliez pas, Messieurs, que des viandes saines peuvent être infectées dans les abattoirs par le bacille *paratyphique B.* et le bacille *entéritidis* qui se développent rapidement sur la viande : la cuisson ne détruit pas leurs toxines. Ces deux microbes peuvent provoquer des intoxications alimentaires. On prétend encore que les viandes peuvent être infectées aussi par la tuberculose, mais dans ce dernier cas d'une façon superficielle.

La définition de la viande *saine* ainsi comprise, examinons à présent les caractères qui nous permettront de déterminer l'espèce qui l'a fournie.

Quand on vous présentera à l'abattoir, sur les *pentes*, une bête entière, il vous sera relativement facile d'en déterminer l'espèce : mais la difficulté sera sûrement un peu plus grande lorsqu'on vous présentera seulement un quartier de devant ou de derrière, et cette difficulté ira en augmentant quand il s'agira de déterminer l'*espèce* et le *sexe* sur un ou plusieurs morceaux. C'est pour vous éviter cet écueil que nous allons étudier ensemble les différents caractères des viandes saines.

Nous étudierons d'abord pour chaque espèce les principaux caractères physico-chimiques : *couleur*, *odeur*, *consistance*, *graisse*, *coupe*, *surfaces articulaires*, etc. L'anatomie descriptive est aussi d'un grand secours pour déterminer l'espèce ; nous en parlerons à propos de la différenciation des sexes. Mais il faut que vous sachiez que les caractères physiques sont très variables pour une même espèce ; ils sont influencés par les facteurs suivants : la race, l'âge, le sexe, le mode d'engraissement (étable ou prairie) et enfin la date de l'abatage.

Pour acquérir une certaine compétence dans cette partie de l'inspection il faudra, Messieurs, faire de nombreux exercices pratiques.

Jetons tout d'abord un coup d'œil d'ensemble sur le cadavre d'un bovin, *sain*, fraîchement dépouillé, placé sur les pentes de l'abattoir : la première chose qui vous frappera, c'est la *couleur*, qui selon l'âge, le sexe et la nourriture variera du *rouge clair* (jeunes animaux) *au rouge vif et brun* (bêtes âgées et taureaux). Vous serez ensuite impressionnés par l'*odeur* particulière de la viande pantelante *chaude* (odeur de chaud) ; six à dix heures après l'abatage, l'odeur sera légèrement aromatique chez le bœuf et la vache. Toutes les veines apparentes seront *exsangues* et les diverses régions du corps dépourvues d'arborisations vasculaires. Le tissu conjonctif intermusculaire sera un peu plus humide, mais exempt d'infiltration ; les aponévroses transparentes brillantes et nacrées ; la consistance des muscles ferme douze heures après la mort (la flaccidité cadavérique durant de trois à six heures).

En touchant les quartiers de viande avec vos doigts, vous éprouverez une sensation de *fermeté* unie à une certaine élasticité. N'oubliez pas que cette fermeté varie avec les influences atmosphériques. Ainsi le froid augmente la fermeté, tandis que l'humidité la diminue.

La viande non rassise est toujours molle. Si vous frappez sur les quartiers quand la viande a atteint la rigidité, elle est sonore.

La viande rassise a plus bel aspect, est plus ferme et se coupe mieux que la viande chaude ou pantelante. Les séreuses, plèvre et péritoine d'un blanc nacré, lisses laissant apercevoir les tissus sous-jacents ; la *graisse interne*, plus ou moins abondante selon l'état d'engraissement, pâle ou blanche, mais toujours plus *claire que la graisse de couverture*. Les ganglions lymphatiques qu'il vous sera facile de trouver, auront une coloration grise, leur surface exempte de nodosités, la coupe des os jaunâtre, leur moelle blanche et grenue, ferme, enfin la *section* des vertèbres *rouge vif*.

Puisque nous examinons les conditions que doit remplir le cadavre sain, nous passons à l'étude des *principaux caractères* des viandes saines provenant des *grands ruminants*.

On prétend bien, Messieurs, que la fibre de la viande de vache est plus fine que celle du bœuf, mais en fait, la différenciation est impossible ; aussi tout ce que nous disons au sujet de viande du bœuf s'appliquera à celle de la vache.

Couleur. — La teinte est rouge vif ; il en est de même, pour le jus ou suc ; chez les animaux âgés, la couleur est plus foncée, rouge brun. La teinte est plus pâle chez les jeunes animaux.

Pendant la saison d'été, on abat dans certaines garnisons du midi des *bœufs d'Algérie*, la teinte de la viande des bœufs algériens est *rouge jaune*.

La couleur varie avec les influences atmosphériques.

Odeur. — Douce, fraîche, agréable et légèrement aromatique.

Consistance. — Molle au moment de l'habillage, mais ferme, résistant à la pression douze heures après.

Graisse. — La graisse de couverture est ferme, blanche ou légèrement jaunâtre; la graisse interne est jaune paille ou blanche, ferme et dure. Dans certaines races, la graisse infiltrée dans les muscles constitue le *persillé*. On dit encore que la viande est *marbrée*; il y a aussi des régions chez un même animal qui sont plus per-sillées que les autres. Le persillé n'a aucune influence sur la qualité; la race normande, très estimée pour la boucherie n'a pas la viande persillée.

Coupe. — Le grain est constitué par la réunion d'un certain nombre de fibres musculaires en faisceaux; sur une coupe transversale du muscle, il imite une mosaïque. Lorsque le grain est fin la coupe est facile.

Le grain est plus ou moins fin suivant la région, le sexe, la nourriture et l'époque de la castration. Chez les bœufs *chatrons*, chatrés depuis peu, il est grossier.

Surfaces articulaires. — Blanc rosé.

A l'*analyse*, la viande de bœuf ou vache ne contient pas de glycogène.

TAUREAU ADULTE

Couleur. — Rouge noir foncé.

Odeur. — Odeur particulière rappelant l'origine.

Consistance. — Plus ferme que celle du bœuf ou de la vache.

Graisse. — Chez les animaux engraissés, comme il y en a beaucoup maintenant, la graisse de couverture est

abondante, blanche, ferme. La graisse interne encore
plus blanche.

Coupe. — Plus résistante que chez le bœuf parce que
le *grain* est plus fort.

Surfaces articulaires. — Rose foncé et légèrement
rouge.

CARACTÈRE DE LA VIANDE
CHEZ LES PETITS RUMINANTS

Mouton. — *Couleur.* — Rouge vif.

Odeur. — Aromatique spéciale, très agréable.

Consistance. — Ferme.

Coupe. — Se coupe très nettement; le grain est très
fin : contrairement à ce qui a été dit, la viande du mouton
est aussi persillée dans certaines régions, par exemple
dans la *noix de côté*; j'ai eu l'occasion de vous en montrer plusieurs fois.

Graisse. — Celle de couverture, blanche; celle de
rognons, blanche nacrée.

Surfaces articulaires. — Blanc légèrement rosé.

Nota. — La viande de *vieilles brebis* a une couleur
plus foncée, le grain est beaucoup moins fin : elle est
dure.

Celle des béliers est encore plus foncée, dégage une
odeur *sui generis* très désagréable; elle est très dure.

Chèvre. — Disons que la *chèvre est aux ruminants ce
que l'âne est aux solipèdes*, une *victime*; si elle était
mieux soignée et mieux nourrie, elle donnerait certainement une viande qui, sans avoir les qualités de finesse
de celle du mouton, serait bonne et pourrait rendre de
grands services dans l'alimentation, surtout à cause de
la pénurie de moutons. En Auvergne, nous avons

mangé plusieurs fois du gigot provenant de chèvres jeunes et bien soignées ; il était bon. Mais la chèvre en général n'est abattue que lorsqu'elle est épuisée par la lactation et des parturitions nombreuses. On n'aime pas à l'envoyer dans les prairies parce qu'elle gâche l'herbe ; si elle était mieux soignée à l'étable, elle se comporterait mieux à la prairie. Le jour où l'éleveur la soignera pour la débiter vers l'âge de dix-huit mois à deux ans, elle prendra facilement la graisse, sa viande sera plus fine et plus savoureuse et partant plus recherchée. Mais là aussi il y a lieu de faire de la bonne sélection.

Couleur. — Rouge foncé ou brun au contact de l'air.

Odeur. — Fade, pas aromatique comme celle du mouton.

Consistance. — Plus dure que celle du mouton, grain moins fin.

Graisse. — Rarement de la graisse de couverture, plutôt graisse de rognons. La couleur de la graisse varie du blanc sale au jaune sale ; plus ferme chez les jeunes que chez les vieilles.

Bouc. — Le bouc, comme le bélier, a le cou très développé, très fort ; ses épaules et ses gigots sont très amples et lourds, la viande est dure et grossière ; elle exhale une odeur très forte due à l'acide *hircique*, substance qui se trouve dans la graisse du bouc.

Rost, vétérinaire inspecteur, prétend que la viande de bouc est assez estimée et qu'on a tort de la supprimer de l'alimentation de parti pris ; l'odeur *sui generis* qui s'en dégage provient de la peau. La viande est souillée par les mains de l'abatteur au moment de l'habillage ; l'odeur de bouc n'imprègne que les couches superficielles. Sur 500 boucs inspectés à l'abattoir d'Offenbach-sur-le-Mein en l'espace de six ans, il n'a refusé que deux bêtes. L'odeur caractéristique est surtout prononcée à l'époque des accouplements; il conseille de laisser la viande en observation pendant ving-quatre heures ; ce laps de temps écoulé l'odeur disparaît. Néanmoins, même quand l'odeur a disparue, il a soin de prélever des échantillons pour les soumettre à l'épreuve de l'ébullition. Toutes ces choses sont bonnes à savoir ; car dans certaines circonstances, pendant les grandes manœuvres ou en campagne, on peut ne pas avoir suffisamment de viande et être obligés d'accepter celle de bouc.

CARACTÈRES DE LA VIANDE DE PORC

Couleur. — Les facteurs : race, âge, nourriture et sexe interviennent comme chez les autres espèces, pour faire varier les caractères de la viande. La couleur est plutôt *rosée* que *blanche*, mais elle est toujours plus *foncée*, rouge au niveau des *membres*.

Odeur. En dehors de celle spéciale fournie par le sexe, elle est nulle.

Consistance. — Molle dans l'ensemble, plus ferme du côté des membres.

Graisse. — La graisse de couverture prend le nom de *lard* : elle est toujours très épaisse, et blanche. La graisse interne, *panne,* est blanche, ne se durcit pas, est toujours onctueuse et fond quand on la presse entre le pouce et l'index. Le *saindoux* n'est autre chose que la panne fondue.

Vous pourriez confondre la graisse de porc avec celle de veau si la *couenne* a été enlevée ; rappelez-vous que la graisse de veau quoique blanche est sèche, tandis que celle du porc est toujours onctueuse et molle.

Coupe. — Quand on la coupe on éprouve de la résistance; le grain est cependant fin. La viande provenant de la région dorso-lombaire est bien persillée ou *marbrée*. Le porc qui est nourri exclusivement avec de la viande de cheval, comme cela se fait dans certaines villes, donne une viande peu ferme qui prend difficilement le sel.

Surfaces articulaires. — Bleu plombé.

Truies et verrats. — La viande de verrat a une *odeur* et un *goût* particulier qui la rendent immangeable; elle est très foncée et coriace. Le lard du verrat est toujours dur, sec; ces caractères s'exagèrent dans les régions dorsales et pectorales par l'hypertrophie du derme cutané, c'est alors le *lard routé* des charcutiers qui n'a du lard que le nom et qui ne possède aucune valeur alimentaire. (BASSET, d'Alfort dit que la *scléro-dermie* ou *lard routé* n'est pas une maladie, *Recueil d'Alfort* 30 janvier 1910, p. 44.)

La viande et la graisse de la truie présentent à peu près les mêmes caractères que celle du verrat, sauf l'odeur.

Dans mon *Traité des fraudes*, page 56 (LAVAUZELLE), vous trouverez des renseignements très circonstanciés sur l'élevage du porc destiné à l'alimentation du soldat.

CARACTÈRES DE LA VIANDE SAINE DU CHEVAL

Odeur. — L'odeur de la viande de cheval, en bon état d'engraissement, reposé, n'a pas de caractères particuliers ; celle provenant d'animaux maigres et vieux, rappelle l'odeur d'écurie.

Couleur. — Rouge foncé, brun. Cette couleur est d'autant plus foncée que l'animal est plus vieux et maigre. Chez ces derniers, la *teinte* est *rouillée.* Au bout de vingt-quatre heures après l'abatage, la viande devient noire au contact de l'air.

Consistance. — Dure chez les chevaux jeunes, en bon état d'embonpoint et non *surmenés*; molle et gluante chez les vieux chevaux maigres, fatigués et quelquefois surmenés.

Graisse. — Celle de couverture fait en général défaut, mais les chevaux en bon état d'engraissement peuvent en avoir beaucoup; cette graisse est jaune. La graisse interne également jaune est disposée comme celle du porc (panne) : elle est *huileuse*, mollasse, fond entre les doigts, tache le papier Joseph.

La *moelle* des os est jaunâtre, huileuse et très molle : un os à moelle pourra vous servir pour déterminer l'espèce.

Coupe. — Très résistante, grain large, épais. Pour différencier la viande de cheval de celle du bœuf, il faut prendre un morceau de chaque espèce, fermer les yeux et passer le pouce sur la coupe : avec un peu d'habitude on arrive vite à constater une différence sensible.

Surfaces articulaires. — Complètement roses ou blanc nacré.

Analyse. — La viande contient une notable quantité de glycogène.

Cuisson. — A la cuisson, elle donne une quantité considérable de sérum.

CARACTÈRES DE LA VIANDE DE CHIEN

La viande de chien peut être confondue avec celle de mouton. Les caractères anatomiques des os sont typiques ; ils vous seront d'un grand secours pour la différenciation. Le pannicule charnu d'un chien caniche gras rappelle celui du mouton.

La *graisse* du chien est riche en oléine, par conséquent très onctueuse et blanc jaunâtre, tandis que celle du mouton qui est aussi blanche, est plus ferme. La graisse du chien a beaucoup de ressemblance avec celle du porc. Chez *certains* chiens, la graisse interne est disposée en *panne* ; souvent la viande a une odeur *sui generis*.

En Allemagne, il y a actuellement plus de 5.000 boucheries canines ; les ouvriers en consomment beaucoup, parce que la viande de bœuf et de porc a atteint dans ce pays des prix excessifs, surtout dans ces dernières années.

Viande de lapin. — *Couleur*. — Blanche, légèrement rosée.

Odeur. — Fade, rappelle parfois le genre d'alimentation auquel a été soumis l'animal.

Chat. — La viande du chat peut être facilement confondue avec celle du lapin, une fois la tête enlevée.

DÉTERMINATION DES SEXES

La viande exposée devant les étalages est toujours marquée « viande de bœuf » et cependant on abat beaucoup de vaches !

5.

Les officiers appelés à recevoir la viande peuvent exiger, d'après le cahier des charges, une certaine proportion de quartiers de bœuf; or, comme la viande de vache est en général meilleur marché que celle de bœuf, le fournisseur a une tendance à donner le moins possible de quartiers de bœuf.

L'officier chargé de recevoir la viande doit porter son

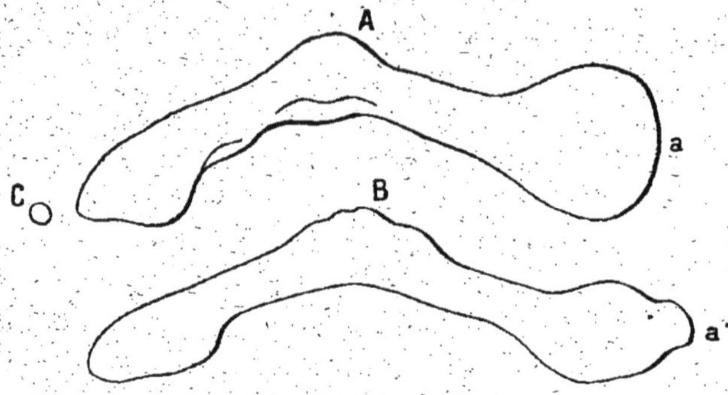

Fig. 13.

Symphyses ischio-pubiennes.

A, bœuf : c, racine du pénis. — a, tubérosité antérieure.
B, vache : a', tubérosité antérieure.

investigation du côté du bassin. Si le quartier présenté à son examen est un quartier de vache, il constatera sur la paroi abdomino-inguinale à la place des mamelles une cavité assez profonde; en examinant bien cette cavité on peut encore voir des vestiges de la mamelle. Chef les femelles qui n'ont pas encore porté, les mamelles restent sur l'animal où elles forment un *gras fin* et *soyeux* qui sert à ornementer la région. Quelques fraudeurs, pour dissimuler le sexe d'une vache grasse, font sur cette graisse des incisions quadrillées qui ne peuvent tromper que les profanes. Si, au contraire, les mamelles sont plus ou moins gorgées de lait,

on les enlève et on les remplace par de la graisse de
bœuf provenant du maniment appelé *brague* (poche du
testicule d'un animal castré).

Cette graisse, dite dessous de bœuf, est maintenue

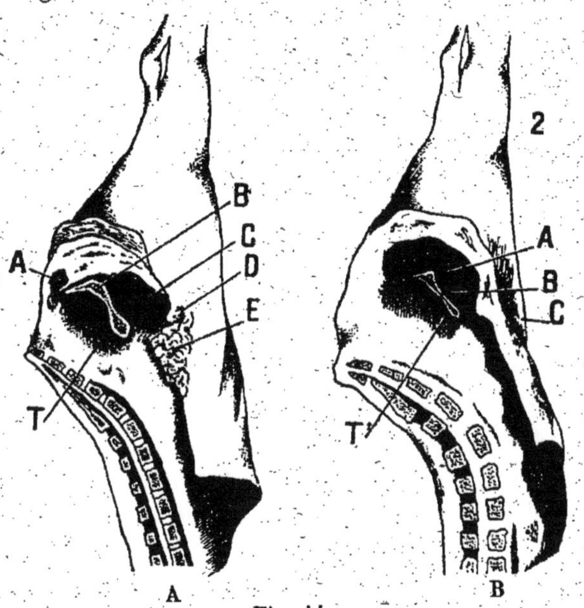

Fig. 14.

A, taureau : A, racine du pénis. — B, symphyse pubienne. — C, partie découverte du muscle plat de la cuisse. — D, anneau inguinal. — E, graisse mamelonnée. — T, tubérosité antérieure.

B, vache : A, partie dénudée du muscle plat de la cuisse. — B, graisse lisse.
— C, excavation de la mamelle. — T, tubérosité antérieure.

dans la cavité produite par l'enlèvement des mamelles
au moyen de fines chevilles de bois invisibles.

Le quartier de la vache a aussi les apparences de
celui du bœuf. En examinant l'intérieur du bassin, la
coupe de la symphyse ischio-pubienne a une forme particulière pour chaque sexe : chez le bœuf, la tubérosité

antérieure est plus volumineuse et a une forme irrégulièrement triangulaire ; chez la vache, la même tubérosité est aplatie (fig. 13).

Cependant chez la génisse, la forme de la tubérosité antérieure ressemble beaucoup à celle du bœuf. La côte du bœuf est plus large ; elle présente à son bord postéro-interne une excavation qui n'existe pas sur la côte de la vache.

Chez le bœuf, la graisse du dessous ou brague, située en avant et en bas du pubis, est *mamelonnée*, tandis que celle de la vache dans la même région est *fine* et *presque lisse*.

Chez le bœuf, le caractère distinctif le plus évident est la division en deux par une forte aponévrose du muscle plat de la cuisse (grand adducteur). Il faut encore citer la présence du corps caverneux, au niveau de la tubérosité ischiatique (fig. 14).

Taureau. — La proportion de taureau à fournir est aussi limitée. L'officier reconnaîtra le quartier de taureau : au manque de graisse de couverture sur les animaux mal engraissés ou pas engraissés ; à ses formes rebondies, épaisses, massives ; (quelques taureaux de la race mancelle n'ont pas de formes rebondies, ni au cou, ni aux cuisses). Les aponévroses, fines membranes qui recouvrent les muscles, lui donnent un aspect nacré (arc-en-ciel des bouchers). La viande est d'une couleur rouge noir, la graisse est sèche et blanche.

En portant les regards du côté de l'anneau inguinal inférieur, on constate qu'il est ouvert. Le corps caverneux est plus développé que chez le bœuf.

Moyen de différenciation des diverses viandes. — Cette question sera traitée à propos des fraudes.

DÉTERMINATION DE LA QUALITÉ

Pour la détermination de la qualité, il faut tenir compte des facteurs suivants : la race, le sexe, l'âge, l'état d'engraissement et le genre de nourriture, le développement musculaire. On divise la viande en trois qualités.

Première qualité. — Comprend le bœuf et la génisse engraissés à l'étable ou à la prairie (ce dernier mode préféré) de quatre à six ans pour les bœufs, de deux à trois ans pour les génisses de race précoce. Les animaux sont bien musclés, ont de la graisse de couverture dans toutes les régions et beaucoup de graisse interne ou de rognons.

Mais la première qualité d'un bœuf ou d'une génisse du Limousin est plus appréciée que la même qualité d'un bœuf ou d'une vache vendéenne.

Deuxième qualité. — Nous comprenons dans la deuxième qualité : 1° le bœuf de travail de six à dix ans et qui est engraissé généralement à l'étable pendant quelques mois avant d'être vendu ; 2° des vaches ayant moins de huit ans, bien engraissées après avoir produit un ou deux veaux et donné un peu de lait ; 3° des taureaux de deux à trois ans engraissés, et auxquels on a fait faire le moins de saillies possible. Chez les animaux de deuxième qualité, la graisse de couverture est moins épaisse, elle fait défaut dans certaines régions, il y a aussi moins de graisse de rognon.

Troisième qualité. — Comprend les animaux maigres, dont le tissu musculaire de certaines régions est émacié : bœufs ayant trop travaillé et âgés de neuf à douze ans ; vaches épuisées par des vêlages trop fréquents, l'âge et la lactation. Tous ces animaux ont peu de graisse de couverture et les rognons simplement couverts. Dans certaines villes, les bouchers divisent la viande en : *bonne qualité, moyenne qualité* et *basse qualité*. A notre avis, la première division est plus rationnelle.

Des différentes catégories de viande. — La catégorie est basée sur la place qu'occupe le morceau dans les différentes régions de l'animal ; la valeur marchande du morceau varie suivant sa finesse le plus ou moins d'os et sa saveur (fig. 15 et 16).

1re *Catégorie.*

Muscles épais, bien infiltrés de graisse, 30 p. 100 du poids net. La proportion d'os par rapport à la viande est assez inférieure à celle des deux autres catégories.	Régions fessières, ischio-tibiales sus et sous-lombaires.	Aloyau	filet, faux-filet.
		Cuisse	culotte, tranche grasse, tende de tranche, gite à la noix.

2e *Catégorie.*

On compte 25 p. 100 du poids net en viande. Viande moins savoureuse. Contient une proportion d'os plus élevée que la première catégorie.	Muscles de l'épaule et de la région costale.	Pointe de derrière ou paleron, premier talon de collier, côtes, bavette d'aloyau, plat de côte.

3e *Catégorie.*

40 p. 100 du poids net de viande. Peu savoureuse, contient beaucoup d'os. Collier spongieux.	Muscles du cou, abdominaux, partie inférieure des membres.	Collier, surlonge, pis de bœuf, paillassse ou flanchet, joues, jambes ou gites.

Conservation de la viande saine. — En été, la viande de bœuf et de vache placée dans de bonnes conditions

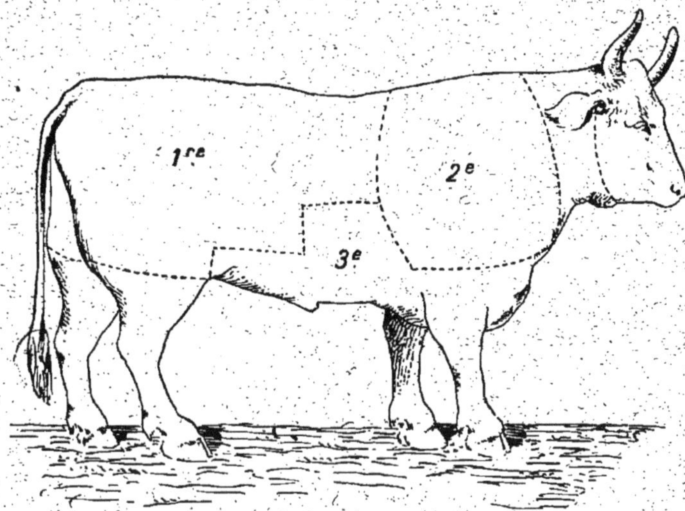

Fig. 15.

Catégories de viande (grandes divisions).

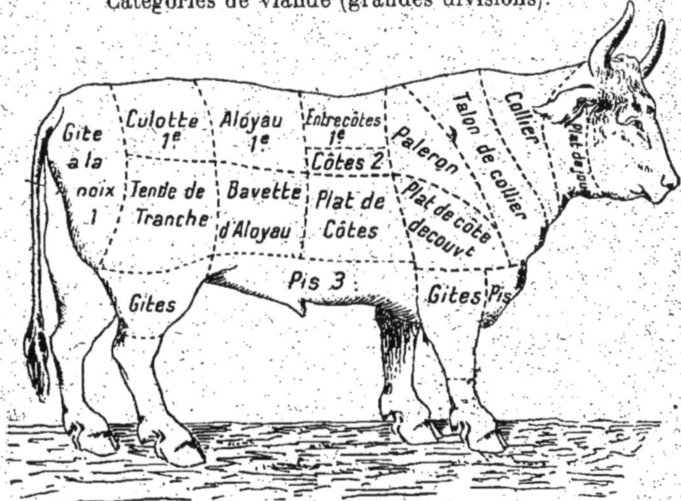

Fig. 16.

Catégories de viande (détail et coupe).

peut se conserver de trois à quatre jours, en hiver de six à huit jours, le paleron plus longtemps.

Le taureau se conserve plus longtemps, surtout en été.

La viande de mouton se conserve quarante-huit heures en été et de trois à cinq jours en hiver. Le gigot peut se conserver huit jours. [1]

---

[1] Dans certaines conditions de race et d'alimentation, la viande peut se conserver très longtemps : Pagès rapporte que chez Cathelin, facteur à la criée de l'Abattoir Général, un train de côtes est resté accroché expérimentalement plus de deux mois, par une température moyenne, sans présenter d'autre altération que le durcissement et le noircissement de la surface de section.

CINQUIÈME CONFÉRENCE

Messieurs,

La *coupe* de la viande n'a aucune règle fixe : elle est soumise au caprice, à la fantaisie du boucher et surtout aux habitudes locales ; elle varie d'une ville à l'autre. Ainsi la coupe de la ville de Paris (fig. 16) diffère de celle de Lyon, et cette dernière diffère de celle de Troyes ; enfin celle que nous pratiquons ici et que je vous engage à adopter, est particulière à la Boucherie militaire et ne ressemble en rien à la coupe des villes dont je viens de vous citer les noms. Notre coupe n'a qu'un but ; répartir la viande de façon à ce que chaque partie prenante : compagnie, batterie et escadron, ait pour le même poids, la même quantité de morceaux de première, deuxième et troisième catégorie. Tandis que le boucher habile sait couper la viande de façon à faire passer une bonne partie de la viande de deuxième catégorie dans la première et de la troisième dans la seconde ; souvent même, il retire des biftecks de la *pointe du flanchet* ou paillasse, morceau de troisième catégorie (la pointe du flanchet est constituée par le grand droit de l'abdomen).

A l'abattoir, sur les pentes, nos animaux sont coupés en deux parties : *demi-bœuf, demi-vache* ou *demi-taureau*. Le côté gauche est toujours plus lourd car on pèse avec lui *l'onglet*, pilier du diaphragme (vendu comme filet). Dans le langage de la boucherie on appelle ce côté : côté de *fausse queue*, par opposition au côté droit qui s'appelle *côté de queue;* chez nous, la queue n'est pas pesée avec le demi-bœuf. Quand on a enlevé la cuisse à un demi-bœuf, le restant prend le nom de *creux de bœuf*. Le quartier du devant, moins l'épaule prend le nom de devant de bœuf (région du thorax). Vous voyez souvent à l'abattoir un demi-bœuf sans épaule. Cette partie de l'animal dépouillé prend le nom de *pan* de bœuf.

Une moitié de mouton à laquelle on a enlevé le gigot s'appelle *creux de mouton*. Quand le mouton est distribué sans collet, ni épaule, ni poitrine, la partie mise en distribution prend le nom de *pan* de mouton.

DES DIFFÉRENTES CATÉGORIES DE VIANDE

Question qui a été traitée à la quatrième conférence à la suite de la détermination de la qualité des viandes.

RENDEMENT DES VIANDES EN OS
GRAISSES ET MUSCLES

La viande de bœuf est incontestablement supérieure à toutes les autres. Elle nourrit moins immédiatement que la viande de porc ; mais elle est plus digestible, elle l'est moins que la viande du mouton, mais elle nourrit davantage. (PAGÈS, *Hygiène pour Tous*, page 216.)

D'après Armand Gautier (Régimes, p. 99) un kilogramme de viande de boucherie rend :

Os et aponévroses	200
Tissus adipeux	90
Chair proprement dite	710

(accolade) 1.000

Suivant les races et leur état d'engraissement, les os varient de 20 à 22 p. 100 du poids de viande nette (quatre quartiers). Il y a des régions qui sont plus osseuses que les autres. Ainsi par exemple, dans une cuisse, il y a de 90 à 100 grammes d'os par livre de viande, dans l'aloyau 125 grammes, dans l'épaule 150 grammes, dans le collier 125. Il va de soi *que plus un animal est maigre, plus la proportion d'os est élevée.* [1]

COMPOSITION DE LA VIANDE D'APRÈS J. KŒNIG

	Viande très grasse.	Viande moyenne.	Viande maigre.
Eau	53,01	72,03	76,37
Substances azotées	16,75	20,96	20,71
Graisses	29,28	5,41	1,76
Matières extractives non azotées	»	0,46	»
Sels minéraux	0,92	1,14	1,18

D'après BREUNLIN, 100 parties de viande contiennent :

	Grasse.	Maigre.
Eau	37,97	59,58
Cendre	1,51	1,41
Graisse	23,87	8,07
Chair musculaire	36,63	30,81

[1] La proportion d'os dépend aussi des races ; le normand est très osseux : les bouchers disent qu'il a son quart d'os.

MOUTON D'APRÈS J. KŒNIG ET MUSTICHELER

	Mouton gras.	Mouton moyen.
Eau	53,31	75,99
Substances azotées (spécialement albu-minoïdes)	16,62	17,11
Substances extractives non azotées	0,54	»
Sels minéraux	0,93	1,33
Corps gras	28,61	5,77

VIANDE DE PORC D'APRÈS MENE

	Porc gras.	Porc moyen.
Eau	47,40	72,57
Substances azotées	14,54	20,25
Matières extractives non azotées	»	»
Graisses	37,34	6,81
Cendres	0,72	1,10

De la lecture de ces quatre tableaux, il résulte : 1° *que plus la viande est maigre, plus elle contient d'eau ; 2° que la viande de bœuf est la plus riche en azote.*

Je dois encore faire remarquer que la viande des jeunes animaux est moins riche en extraits azotés excitants. J'insiste sur ce fait parce qu'aujourd'hui, on a une *trop grande tendance à consommer de la viande provenant de jeunes animaux* : bœuf de dix-huit mois à trois ans, agneaux de trois mois, porcs très jeunes. Il y a dans ce fait, un réel danger pour l'avenir de notre race, comme l'a si bien exprimé le Dr PAGÈS, vétérinaire sanitaire, dans la *Préface* de ma brochure sur les fraudes.

La meilleure viande pour l'alimentation est celle fournie par des bœufs de quatre à neuf ans, des moutons de deux à cinq ans et de porc de quinze mois à deux ans.

Nos hommes, en général, *n'aiment pas la viande très grasse* ; ils aiment mieux retirer un bon morceau de muscle quand ils plongent leur fourchette au fond de la gamelle.

En été, lorsque la soupe est faite avec de la viande très grasse, pour peu que la soupe soit servie froide, il se forme au-dessus de la gamelle une couche de graisse qui n'incite pas l'homme à la manger.

VIANDE MALADE, MALSAINE, INSALUBRE, MOTIFS DE SAISIE

Principaux caractères des viandes insalubres. — Dans la précédente conférence : la viande saine, je vous ai donné les divers caractères que devait présenter le cadavre d'un animal *sain* sur les *pentes* de l'abattoir ; je vais en faire autant pour l'animal malade, parce qu'il peut se faire qu'on vous présente (en manœuvres), des animaux saignés *post mortem* ou à toute extrémité ou bien des animaux saignés au cours d'une maladie *aiguë grave*.

Le cadavre d'un animal saigné dans de telles conditions aura du mal à se raffermir, en tout cas la rigidité cadavérique ne sera pas de longue durée. La viande a un aspect jaune sale, décolorée dans certaines régions, fortement injectée dans d'autres. Le tissu conjonctif est très humide et çà et là couvert de vascularisations, les veines apparentes son gorgées de sang et de caillots ; dans certains cas, le sang rougit au contact de l'air. La graisse de couverture est injectée, sèche, pulvérulente souvent aussi, elle est fluide. En examinant les deux moitiés de l'animal, dans leur face interne, vous constaterez que la plèvre et le péritoine ont un aspect sale, sont plus ou moins injectés et infiltrés ; souvent elles sont recouvertes de fausses membranes ; la section des vertèbres est plus ou moins nette, la coloration est brune, terreuse, noirâtre. Faites donner un coup de scie aux os à moelle, vous constaterez que celle-ci est *fluide*, fortement mélangée de sang. Les coupes musculaires sont molles, la viande *colle aux doigts*, l'odeur rappelle *l'haleine des fébricitants* ou l'odeur d'urine, d'ammoniaque ou de médicaments ; la teinte du muscle est blafarde ; le suc musculaire s'écoule abondamment. Les ganglions sont hypertrophiés et injectés, le tissu conjonctif qui les entoure est très infiltré.

Si vous voulez pousser vos investigations plus loin, vous constaterez que la réaction du suc et de la viande est alcaline ; que dans beaucoup de cas, les fibres ont perdu leur striation en même temps que vous constaterez leur dégénérescence.

Pour bien vous rendre compte de l'odeur particulière de la viande malade, je vous engage à faire lever une épaule pour le quartier du devant et le *tende de tranche* pour le quartier de derrière (région crurale)[1]. N'oubliez pas que l'odeur dégagée par la viande malade se perçoit mieux sur une coupe fraîche ; en outre, dans ces deux régions, vous trouvez des lésions plus accentués ; tissu conjonctif infiltré, ganglions hypertrophiés, coupe des muscles à tons variés, livide sur les bords. Enfin, contrairement à la *viande saine* qui se conserve plusieurs

[1] Pendant les fortes chaleurs, si vous voulez conserver plus sûrement la viande, faites lever les tendes de tranche et les épaules.

Si l'aération ou la ventilation est imparfaite, préconisez la porte du Dʳ Pagès, vétérinaire sanitaire à Paris. (Revue de l'hygiène de la viande et du lait.)

jours, la viande *malade* s'avarie très rapidement en toutes saisons (putréfaction).

CARACTÈRES DE LA VIANDE MALADE, DÉBITÉE

Odeur. — Toutes les viandes provenant d'animaux atteints de maladie aiguës : pleurésie, péritonite, pneumonie, fièvre vitulaire, qui déterminent la fièvre, dégagent une odeur aigrelette qui rappelle celle de l'haleine des fébricitants (sur une coupe fraîche). Cette odeur s'exagère si on fait griller la viande. Dans les affections des *voies urinaires* (rupture de la vessie), on constate une odeur urineuse ; si l'animal atteint d'une indigestion aiguë ou chronique a été médicamenté, on peut constater l'odeur du médicament dominant : essence de térébenthine, éther, chloroforme, asa fœtida, ammoniaque. Si la viande a séjourné dans un véhicule ou dans un local désinfecté à l'acide phénique, on peut constater, sur une coupe, l'odeur de phénol, qui s'exagère à la cuisson. Enfin, quand on vous présentera des viandes salées (lard), il convient de refuser toutes celles qui répandront une odeur de *rance* ; les viandes salées en voie de décomposition dégagent une odeur nauséabonde qui rappelle celle des vidanges (*odeur de piqué*). La période de conservation étant passée, la viande, sous l'influence des colonies de microbes et bactéries qui y pullulent, devient toxique ; c'est par l'*odeur qu'elle dégage* que vous pourrez vous mettre en garde et prendre une décision.

Les carnassiers ne sont pas incommodés par l'ingestion des viandes corrompues.

Couleur. — La coupe de la viande provenant des animaux ayant eu de la fièvre, a l'aspect de la viande cuite, les bords des muscles ont une teinte gris sale, qui contraste avec la couleur de rouge de l'ensemble du muscle; cette teinte prend le nom de lividité cadavérique (lisière de Villain et Bascou).

Graisse. — Souvent humide, fluide et injectée, elle a une teinte gris plombé.

Consistance. — La viande malade est très molle; les masses musculaires tremblent sous la pression des doigts; la coupe est poisseuse, mouillée, gluante, séreuse, collante aux doigts, selon la maladie. Si vous touchez un morceau de viande ayant un os à moelle, vous constaterez que la moelle est fluide, injectée, brunâtre.

VIANDES INSALUBRES

Je divise les viandes insalubres en six classes :

1° Viandes putréfiées ;

2° Viandes provenant d'animaux trop jeunes ;

3° Viandes maigres, cachectiques, hydroémiques ;

4° Viandes provenant d'animaux malades atteints de fièvre ;

5° Viandes provenant d'animaux atteints de maladies spécifiques virulentes ;

6° Viandes plus ou moins infestées par des parasites.

1° Viandes putréfiées. — Je commence par les viandes putréfiées, parce que la viande *saine* peut devenir *malsaine* si elle n'a pas été consommée en temps voulu, et que les *influences atmosphériques* peuvent dans certains cas l'altérer rapidement.

Par l'action de l'air sec, le hâle, les viandes ternissent, la coupe devient noire : cette altération est généralement superficielle ; les bouchers épluchent la viande et rafraîchissent la coupe, pour faire disparaître la couche noire. En été, les taureaux provenant des pâtures manquent en général de graisse de couverture quoique très en chair; par le hâle, la viande s'oxyde fortement et a l'aspect de la viande fiévreuse; mais cette teinte disparaît dès qu'on pratique des coupes dans les muscles. A première vue, on a la tentation de refuser de pareils animaux, mais comme il faut toujours *justifier une saisie*, en pratiquant des coupes et en examinant la moelle des os, qui est ferme et blanche, vous ne commettrez pas cette grossière erreur.

Les temps *humides* : pluies, brouillards, rendent la viande molle, poisseuse et lui donnent une odeur de *relent*, premier stade de la putréfaction; généralement cette odeur disparaît par l'action de la cuisson et celle des épices, mais à condition *que la viande ait été éplu- chée*.[1] L'humidité provoque les diverses variétés de moisissure.

Par les temps *orageux*, la viande se corrompt très rapidement et devient *verte*; elle dégage alors une odeur forte qui prend à la gorge. Dans ce cas, la saisie s'impose d'urgence.

Le *soufflage* et le *surmenage* facilitent l'action de la putréfaction.

Lorsque la putréfaction s'accentue les muscles, les aponévroses et la graisse prennent une coloration *verte*; la *coupe* est toujours sale et verdâtre; la viande est *friable*, en voie de *liquéfaction* (PIETTRE); souvent le tissu musculaire est fortement distendu par des gaz putrides. Le foie s'écrase à la moindre pression des doigts; la cervelle est noirâtre et réduite en bouillie.

---

[1] Cette viande est détestable pour le pot-au-feu.

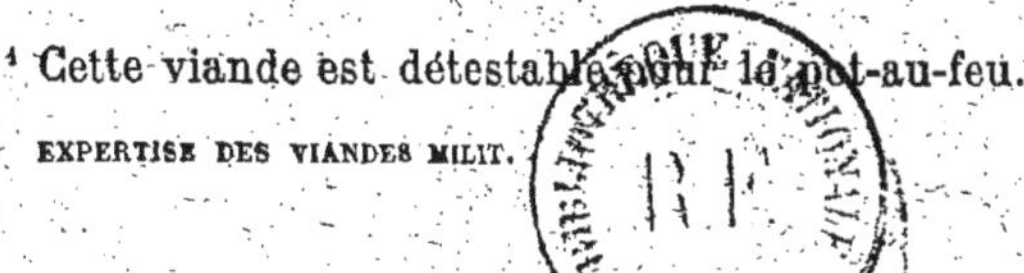

La cuisson ne supprime pas le danger qu'il y a de consommer des viandes qui contiennent des ptomaïnes ; le tube digestif de l'homme est très sensible aux moindres altérations de la viande ; les empoisonnements dus à l'ingestion de viandes putréfiées sont rapidement mortels.

Le professeur A. GAUTIER dit qu'avant de se putréfier les viandes *s'attendrissent,* et l'attendrissement se produit par l'action *des peptones.* La viande fraîche en contient 2 p. 100 environ ; cette quantité augmente au fur et à mesure que la viande vieillit et se digère ainsi elle-même. « L'attendrissement de la viande est donc une sorte d'autodigestion » qui précède la putréfaction déterminée par les microbes.

Tous les agents (froid au-dessous de zéro) qui arrêtent la végétation des colonies microbiennes, modifient et arrêtent la putréfaction.

Estampillage des viandes. — Au commencement de ce chapitre, je vous ai dit que les viandes reconnues *saines,* et par conséquent *estampillées* pouvaient devenir *malsaines* dix-huit ou vingt heures après l'abattage, par suite d'influences atmosphériques particulières essentiellement défavorables à la conservation (viande verte). C'est vous dire, Messieurs, que dans certains cas, l'estampillage a une valeur très relative. Donc, bien que la viande porte le cachet de l'abattoir, si au moment de l'utiliser, vous avez le moindre doute sur son état de salubrité, ayez recours aux lumières d'un professionnel. Le Dr MOREAU, ex-vétérinaire sanitaire à la Villette dont la compétence en cette matière fait foi, admet qu'au point de vue de l'identité de la viande, l'estampillage est parfait, mais « la marque ne saurait être considérée comme consacrant d'une manière absolue l'innocuité d'une substance aussi altérable que la viande. Cette apostille, signature de l'inspection, est souvent protestée par la découverte de lésions internes, qui ne pouvaient être décelées qu'au découpage ou par les altérations d'origine atmosphérique que nous montrent, singulier contraste, des viandes *putréfiées* exhibant toujours leurs certificats de salubrité ». J'insiste sur ce fait pour vous mettre en garde contre des erreurs dont les conséquences pourraient être très graves.

2° Viandes provenant d'animaux trop jeunes. — Dans cette classe figurent les viandes provenant d'animaux *mort-nés* et abattus trop jeunes. Le veau étant supprimé de l'alimentation du soldat, ces viandes ne nous intéressent qu'au point de vue fraudes; en effet, elles peuvent être utilisées pour la fabrication des saucisses et pâtés.

Caractères physiques. — Elles sont plus ou moins *gélatineuses;* la *couleur* est pâle, blanche ou rosée; leur *consistance* est molle, humide au toucher. S'il y a un peu de graisse, la couleur en est grisâtre, elle est grenue et manque totalement d'onctuosité. En faisant la section des os longs, vous constaterez que la moelle est boueuse et tellement injectée de sang qu'elle en est rouge (boue sanguine, PAUTET).

Inspection. — La saisie de ces viandes s'impose: elles sont laxatives et peuvent déterminer la diarrhée. Ce n'est point un aliment.

3° Viandes cachectiques (maigres, hydroémiques). — Les viandes de cette classe proviennent d'animaux qui ne remplissent aucune condition du cahier des charges:

elles manquent de graisse de couverture, de graisse de rognon et le tissu musculaire est plus ou moins atrophié, émacié. La visite sur *pied* vous permettra d'éliminer presque toujours tous les animaux qui peuvent donner des viandes cachectiques et maigres ; elles sont intéressantes à connaître au point de vue des fraudes.

Caractères physiques. — La cachexie est une maladie de la *nutrition* qui atteint les animaux soumis à un travail intensif et nourris d'une manière insuffisante. Les vaches obligées de produire du lait pendant une durée trop longue et qui sont en même temps mal logées et mal nourries, deviennent *cachectiques*. Certaines maladies chroniques anciennes y prédisposent les animaux.

La *couleur* des viandes cachectiques est foncée dans certains cas, pâle dans d'autres (hématurie) ; l'odeur qui se dégage d'une coupe fraîche est *aigre* ; elles n'ont pas de consistance, elles sont flasques ; le tissu conjonctif est infiltré. Pas de graisse, ni dans le bassin ni autour des rognons ; s'il en existe un peu, elle est diffluente, presque liquide. La moelle des os longs est jaunâtre, sirupeuse ; les bouchers disent que ces animaux *manquent de moelle, n'ont pas de moelle*. Les séreuses sont humides, souvent elles sont recouvertes d'exsudats ; enfin les ganglions lymphatiques sont engorgés et entourés de tissu conjonctif très infiltré.

Expertise. — Toujours, il faut refuser les viandes provenant d'animaux qui n'*ont pas de moelle* ou dont *la moelle est fluide*. Vous refuserez aussi les produits manipulés de la charcuterie : saucisses, saucissons et pâtés qui auront été fabriqués avec cette viande.

4° Viandes provenant d'animaux malades (viandes

fiévreuses). Viandes fatiguées et surmenées. — Dénommées par quelques auteurs *viandes fermentées*. Ce terme n'est pas plus heureux, car les viandes *avariées* et beaucoup d'autres sont aussi des viandes *fermentées*; le terme viandes *fiévreuses* a l'avantage d'avoir une certaine signification précise et d'être compris par tout le monde, voilà pourquoi nous le conservons malgré que beaucoup de viandes fiévreuses proviennent d'animaux qui n'ont pas eu la moindre fièvre de leur vivant.

Caractères physiques. — Chaque fois qu'un animal est atteint de fièvre, les fonctions du foie et du rein se font mal : le foie ne détruit plus les poisons de l'organisme, le rein n'en élimine pas assez. Dans ces conditions, le sang est chargé de produits de déchets de la nutrition : urée, acide urique, sels de potasse en grande quantité, etc., il se produit des troubles circulatoires qui laissent leurs traces sur la viande.

L'aspect extérieur de ces viandes est rouge foncé sale ou terne ; on remarque souvent des ecchymoses assez profondes. Les séreuses pleurale et péritonéale sont livides, gris plombé, imbibées. La graisse, toujours plus ou moins injectée, a une couleur de vin. L'*odeur* rappelle l'haleine des fébricitants ; la moindre incision faite sur une masse musculaire laisse couler beaucoup de *sérosité* ; on dit que les viandes fiévreuses sont riches en *sérosité intra-musculaire*.

C'est dans ces cas qu'il convient de *lever l'épaule* et le *tende de tranche* ; à la suite de ces deux opérations, l'odeur aigrelette sera plus manifeste, vous constaterez que le tissu conjonctif est très arborisé, parce que le système capillaire est gorgé de sang. Les ganglions qui se trouvent au milieu du tissu adipeux, sont hypertrophiés et infiltrés ; dans les interstices musculaires de ces deux régions (épaule et crurale interne), vous rencontrerez souvent des épanchements séro-sanguinolents.

Les reins sont congestionnés ; fréquemment les veines thoraciques et axillaires sont gorgées de sang. J'appelle votre attention sur les coupes musculaires : le tissu musculaire n'offre aucune résistance, les coupes changent de couleur ou de nuance au contact de l'air ; celles pratiquées à travers les adducteurs de la jambe, du sous-scapulaire et du grand dentelé, vous permettront de vérifier ce changement de nuance, la teinte passe du rouge vif au rouge terne pour devenir au contact de l'air, rouge saumon. C'est sur les viandes fiévreuses qu'on constate à la coupe du muscle, la couleur de la viande *cuite*.

En résumé, les principaux caractères physiques des viandes dites fiévreuses sont :

Couleur : rouge brun foncé.

Odeur : aigrelette rappelant celle des fébricitants.

Consistance : molle, flasque ; découpées, les masses musculaires s'affaissent très vite à la suite de la perte considérable de sérosité rouge citrine.

La coupe des os de la colonne vertébrale est brun foncé terne.

Expertise. — La saisie totale s'impose et la viande doit être dénaturée. Ces viandes sont sûrement nocives, mais on ne connaît pas encore l'agent spécifique. M. PANISSET, professeur à l'École vétérinaire de Lyon, à la suite de nombreuses expériences conclut en disant : « qu'il n'est pas possible de mettre en évidence dans les viandes fiévreuses un principe toxique à action immédiate. Leur action pathogène indéniable est due aux

DATE	TEMPÉRATURE		MALADIE	ÉTAT DES MUSCLES ABDUCTEURS DÉTACHÉS DU CADAVRE		
				AUSSITÔT APRÈS L'HABILLAGE, CUISSE DROITE, VUS :		24 heures après la mort cuisse gauche
	extérieure	du corps		chauds	refroidis	
12 déc. 1908	+ 11°	40°	hémoglobinurie	rouge brun	fermes, rouge brun	mollesse et décoloration légères.
20 déc.	+ 2°	40°2	fièvre de fatigue	rouge foncé	fermes	viande collante.
22 déc.	0°	41°3	mort naturelle	saigneux, rouge brun	assez fermes	décoloration et mollesse extrêmes avec sérosité.
24 déc.	— 5°	41°5	fracture	1 h. après la mort, décolorat. légère	même état	36 heures après, ternes, humides, mous.
11 janv.1909	+ 12°	40°5	hémoglobinurie	rouge brun	fermes, légère décoloration	mollesse, sérosité, décoloration.
12 janv.	+ 5°	40°	hémoglobinurie	rouge brun	fermes, rouges	mollesse, sérosité, décoloration.
15 janv.	+ 8°	36°9	hémoglobinurie	rouge brun	rouges un peu pâles mollesse et humidité légères	19 heures après, mollesse grande, décoloration très accusée, sérosité.
17 janv.	— 5°	38°5	néphrite aiguë	rouge brun	légèrement grisâtres et mous	mollesse, décoloration et humidité légères.
17 janv.	— 5°	42°5	mort naturelle	rouge brun saigneux	rouge brun, ternes	16 heures après la mort, décoloration extrême.
18 janv.	0°	39°5	pneumonie gangréneuse double et massive	rouge brun saigneux	rouge brun, saigneux	13 heures après, légère décoloration et mollesse.
22 janv.	0°	41°	infection purulente	rouge brun	fermes, légère décoloration	16 heures après, type de viande fiévreuse.
23 janv.	0°	41°7	infection purulente	rouge brun	rouge brun	mollesse, humidité et décolorat. légères.
23 janv.	0°	39°5	infection purulente	rouge brun	rouge brun	viande décolorée, molle, séreuse.
24 janv.	0°	39°8	hémoglobinurie	rouge brun	assez ferme, un peu séreux	type de viande fiévreuse.
24 janv.	0°	41°	hémoglobinurie	rouge brun	peu de changement	viande fiévreuse.
23 février	0°	42°	fracture	rouge brun	assez fermes, légèrement décolorés	viande fiévreuse.
1er mars	0°	38°9	hémoglobinurie	rouge brun	un peu ternes	viande fiévreuse.
12 mars	0°	42°	fract. depuis 48 h.	rouge brun	un peu ternes, décol.	viande très fiévreuse.
18 mars	+ 5°	40°2	hémoglobinurie	rouge brun	légèrement décol.	type de viande fiévreuse.
27 mars	+ 9°	41°	hémoglobinurie	rouge brun	un peu ternes	type de viande fiévreuse.

microbes qu'elles renferment et, pour une part beaucoup moins grande, à des éléments toxiques (alexine, substances protéïques, sels de potasse), dont le rôle doit être surtout de favoriser le processus microbien. »

J'ai constaté que les viandes fiévreuses ne se raffermissent jamais.

Les principales maladies qui rendent la viande fiévreuse sont : maladies aiguës, les accidents de parturition, la non-délivrance, accouchements dystociques, traumatismes graves (fractures), le surmenage et les indigestions.

Si on vous présente une viande à *odeur médicamenteuse,* cherchez toujours les lésions de la viande fiévreuse et si vous ne pouvez pas vous prononcer le jour même, remettez votre expertise au lendemain ; vous aurez des chances de trouver alors des lésions manifestes et typiques.

L'odeur médicamenteuse doit être pour vous signe de présomption.

Le tableau ci-contre dû à MM. Morel et Vieillard présenté à la Société de Pathologie comparée (avril 1909, p. 133) vous montre que les lésions changent d'aspect d'heure en heure et que pour se prononcer définitivement il faut souvent attendre vingt-quatre heures.

5° Viandes surmenées (fièvre de fatigue). — *Caractères physiques.* — La viande des animaux surmenés, qui n'ont pas eu de fièvre, ne présente pas de caractères bien particuliers. Comme Bascou nous admettons trois degrés dans le surmenage.

Au premier degré de fatigue, la viande est rouge noirâtre, mais elle perd cette teinte à l'air.

Deuxième degré. — La viande est noirâtre et conserve sa teinte au contact de l'air.

Les animaux qui ont fait deux ou trois jours de voyage en chemin de fer, abattus sans repos, donnent généralement de la viande présentant les caractères du premier et quelquefois du deuxième degré. Les bouchers disent qu'elle *tombe trouble.*

Troisième degré. — A ce degré, la viande a une *couleur* groseille, est collante et se *manie comme du caoutchouc.* L'*odeur* est aigrelette ; la *coupe* est résistante, sèche, colle aux doigts et ne donne pas de *jus* (sérosité) ; la viande ne se raffermit pas et se décompose très vite. Sur un taureau qui s'était échappé et livré à des courses folles en plein été, par une forte chaleur, la viande était entièrement décomposée, huit heures après l'abatage ; on l'avait abattu sans le laisser reposer parce qu'il était méchant).

Myosite. — Les *lésions de myosite* sont généralement limitées sur certains groupes des muscles et très rarement la myosite est généralisée. Tous les animaux qui, à l'autopsie, présentent des lésions du troisième degré ont eu sûrement de la fièvre avant d'être abattus.

Expertise. — Dans les deux premiers *degrés* la viande est *comestible.* Carreau et Rousseau prétendent que la fatigue « des longs trajets en chemin de fer ou sur route, celle résultant de l'exposition prolongée sur les champs de foire ou sur les marchés, contribue pour une large part à rendre les viandes *tendres, juteuses* et *savoureuses* ». (*Revue des abattoirs*, p. 450.)

Les viandes présentant les lésions du *troisième degré,* qui recèlent des leucomaïnes, doivent être saisies en totalité et dénaturées.

6° Viandes provenant d'animaux atteints de maladies microbiennes virulentes. — Dans cette classe, nous avons à examiner ces viandes : *Tuberculeuses* ; *Charbonneuses* ; *Septicémiques* ; *Aphteuses* ; Viandes d'animaux atteints de *Rage* et *Tétanos*.

A) VIANDES TUBERCULEUSES. — La tuberculose est très fréquente dans l'espèce bovine ; dans certains pays, 50 p. 100 des animaux en sont atteints. C'est le bacille de Koch qui la produit ; on décèle ce microbe par le procédé Ziehl (coloration par la fuchsine, on décolore par l'acide azotique, le bacille seul reste coloré en rose). Ce microbe est très résistant, la chaleur sèche à 100°, ne l'incommode pas ; cependant, l'ébullition le détruit rapidement.

La putréfaction, la congélation, la salaison, n'ont aucune action sur lui. La contagion se fait principalement par la voie digestive.

D'après M. ARLOING de Lyon, on peut dire hardiment que le bacille est le même pour la tuberculose aviaire, bovine et humaine ; le savant professeur dit que la variabilité de virulence du bacille de Koch est presque indéfinie.

Pour arrêter les ravages que fait tous les jours cette maladie, dans l'espèce humaine, tous les laitiers devraient être obligés de *tuberculiner* leurs vaches, par l'*intra-dermo-réaction* de MANTOUX et MOUSSU, qui est sûrement la meilleure méthode de réaction locale. Quant, à la suite de l'emploi de la *tuberculine*, on ne trouve pas à l'autopsie des lésions macroscopiques, le médecin ou le vétérinaire doivent pousser leurs investigations du côté des ganglions où ils trouvent des tuberculoses cachées en voie de constitution.

Si ces inspecteurs n'ont pas à leur disposition les moyens d'asseoir un diagnostic ferme, ils n'ont qu'à prélever des ganglions et les adresser aux savants professeurs de l'École d'Alfort. MM. VALLÉE et MOUSSU ; ils pourront se rendre ainsi compte que la *tuberculine* n'est jamais *infidèle*.

Le lait joue un très grand rôle dans la contagion ; en général, on le fait bouillir d'une façon insuffisante. MM. les professeurs MOUSSU et MONVOISIN (d'Alfort), recommandent pour détruire les bacilles de faire bouillir le lait de la façon suivante. C'est une erreur de croire que le lait a suffisamment bouilli *quand il sort de la casserole* ; à ce moment, il faut enlever la couche d'albumine que la chaleur a coagulée à la surface du lait, qui ainsi écrémé retombe. Pour l'assainir complètement il est nécessaire de prolonger l'ébullition au moins pendant cinq minutes.

Expertise. — Au point de vue civil, on applique l'arrêté du ministre de l'Agriculture du 11 février 1909, qui sera sûrement revisé à bref délai, car les professionnels le trouvent excessif.

Au point de vue militaire, vous devez vous *conformer rigoureusement* aux prescriptions du Règlement qui vous dicte la marche à suivre dans les divers cas qui vous seront soumis.

Article 9. — Lorsque, au cours de son examen, le vétérinaire ou le médecin militaire constate de la tuberculose sur les animaux abattus, il se conforme aux dispositions suivantes :

Il rejette *complètement* lorsqu'il rencontre l'un des cas suivants :

1° Il existe des lésions de tuberculose *aiguë même très limitées :*

2° Les lésions tuberculeuses revêtent la forme caséeuse ou purulente et frappent un ou plusieurs organes ;

3° Il existe des lésions même discrètes atteignant un ou plusieurs ganglions intermusculaires ;

4° La tuberculose est localisée soit aux muscles, soit aux os ;

5° Les lésions tuberculeuses calcifiées ou fibreuses, frappent à la fois un ou plusieurs viscères thoraciques abdominaux et un ou plusieurs organes ou régions situées en dehors des grandes cavités splanchniques (Mamelle, articulations, région pharyngienne, langue).

Saisie partielle. — Il rejette de la fourniture les parties tuberculeuses et les régions qui sont au contact avec les parties malades, lorsque les lésions rencontrées sont calcifiées ou fibreuses et nettement localisées : la délimitation est faite en empiétant largement sur les parties saines. »

Si les règlements militaires vous obligent à appliquer rigoureusement la loi, ne soyez cependant pas plus royalistes que le roi, car vous porteriez un préjudice considérable au Commerce et à l'élevage.

M. Chaussé, inspecteur des Abattoirs de Versailles et M. Mandrés de Bordeaux, le premier dans la *Revue des Abattoirs*, n° 4, 1909, page 145 ; le deuxième dans la *Revue générale de médecine vétérinaire* du 15 mars 1910, page 305, ont fait une remarquable et très savante critique des règlements au sujet des saisies pour tuberculose. Je vous engage très vivement à consulter ces très intéressants articles.

Dès que le garçon boucher vous annonce qu'il vient de découvrir un animal *gâté*, vous procédez à l'inspection des ganglions viscéraux et intermusculaires : cette autopsie doit être *minutieuse* et non hâtive.

Dans la grosse majorité des abattoirs, vous avez affaire à des inspecteurs spécialistes qui ont acquis une compétence hors de pair ; n'hésitez pas un seul instant à prendre leur sage avis.

Dans certains cas, il faut tenir compte de l'âge de l'animal, de son état d'engraissement et du développement des masses musculaires. Toutes les fois que vous constatez la tuberculose sur des animaux présentant de la *maigreur symptomatique*, saisissez ou refusez quel que soit le degré de l'affection (générale ou locale).

Les Allemands laissent consommer les viandes tuberculeuses (comme basse boucherie) après les avoir soumises à l'action d'un stérilisateur (chauffage à 100°) ; elles sont vendues dans un étal spécial appelé Freibanke.

B) Viandes charbonneuses. — Il y a deux variétés de viandes charbonneuses.

1° Celle des animaux atteints de la *fièvre* charbonneuse, *sang de rate* ou charbon *bactéridien*.

Cette affection est contagieuse à l'homme, elle est très grave (souvent mortelle). C'est un vétérinaire, le professeur Delafond qui, en 1860, le premier, a soupçonné que cette affection était d'origine microbienne. Le bœuf, le cheval, le mouton et la chèvre sont très aptes à la contracter. Chez le mouton, dans certaines régions, elle fait de très grands ravages; on l'appelle *sang de rate*. Toussaint, professeur à l'École vétérinaire de Toulouse et Pasteur ont découvert chacun un moyen d'atténuer le virus charbonneux. Aujourd'hui, on se sert du virus-vaccin de Pasteur pour prévenir la maladie dans les régions où elle règne, on peut dire en permanence, souvent par incurie.

Le microbe est une *bactéridie*; il envahit le sang et vit aux dépens de l'oxygène de ce liquide.

Caractères de la viande charbonneuse. — La *couleur* est rouge brun foncé; l'*odeur* rappelle celle de l'ammoniaque; la viande n'a pas de *consistance*; elle est molle et friable à la moindre pression; la *coupe* laisse couler du sang très noir, visqueux qui tache les doigts. La graisse est fortement injectée. Si vous examinez les séreuses, vous constaterez qu'elles ont une teinte livide; recherchez les ganglions sous-glossiens, pharyngiens, mésentériques et autres, vous constaterez qu'ils sont hypertrophiés, infiltrés. La rate a acquis, par la maladie, un volume triple et même quadruple de son volume normal; elle est très friable; rien que l'état démesurément hypertrophié de cet organe doit vous faire *soupçonner* la maladie. Dès que vous aurez présomption, pour asseoir votre diagnostic prélevez un peu de sang, dont la couleur ressemble au jus de baies de sureau, et examinez-le au microscope; faites en même temps des inoculations au cobaye.

Expertise. — Saisir la viande, procéder à une désinfection minutieuse des effets et instruments des hommes qui ont pratiqué l'abatage et l'habillage. Prévenir l'équarrisseur que l'animal est charbonneux.

1° Dénaturer la viande. Faire la déclaration à l'autorité administrative. (Maire de la localité et Préfet, autorités militaires.)

Désinfection des locaux où ont séjourné les animaux malades.

2° Celles des animaux atteints de charbon *symptomatique* ou *bactérien.*

Cette maladie non transmissible à l'homme atteint surtout les jeunes ruminants; le microbe (bactérium

Chauvés) se développe dans les masses musculaires où il détermine la formation de tumeurs. La viande dégage souvent l'*odeur de beurre rance* avec les lésions ordinaires de la viande fiévreuse.

On préserve les bovins de cette maladie au moyen du vaccin de Thomas-Arloing-Cornevin et le nouveau vaccin de Leclaniche et Vallée.

Expertise. — Saisie de la viande. Mêmes mesures que dans le cas précédent.

C) Viandes septicémiques. — C'est principalement le *vibrion septique* qui vit normalement dans la terre et les poussières atmosphériques, qui rend les viandes septicémiques ; il pénètre dans le tube digestif des animaux en se mêlant aux aliments. Si la température lui est favorable (élevée), du tube digestif il passe dans le sang d'où il ne tarde pas à infecter toute la viande. Même mécanisme dans certaines affections graves de nature septique ; vous agirez prudemment en examinant très minutieusement les viandes provenant de vaches atteintes de *métrite* et de *non-délivrance* (Examen des exsudats du péritoine ou du sang pris dans un vaisseau incisé ou ouvert au moment de prélever le sang. Microscope. Inoculations au cobaye).

Caractères des viandes septicémiques. — Leur aspect est sale et répugnant : on dirait que les couches musculaires sont recouvertes de pus ; elles sont distendues par des gaz fétides, leur consistance est molle, la coupe terne et souvent rougeâtre, le tissu conjonctif fortement infiltré d'une sérosité rouge sale. Les séreuses et les aponévroses sont livides, plombées, le sang est incoagulé, noir, les ganglions hypertrophiés et infiltrés.

Expertise. — La saisie est de rigueur ; ces viandes

sont très dangereuses pour les hommes qui les manipulent : ils peuvent contracter l'*œdème* malin.

D) Actinomycose. — Je vous ai souvent parlé de la chique dans nos leçons de Zootechnie aux étables, et vous avez plusieurs fois eu l'occasion de voir ces tumeurs qui siègent sur le maxillaire inférieur. C'est le champignon *acténomyces bovis* qui détermine cette tumeur. On peut confondre cette affection avec la *tuberculose*; cependant les animaux qui ont de l'actinomycose musculaire et pulmonaire sont en général maigres et rejetés de l'alimentation militaire à la suite de l'examen sur pied.

Expertise. — Quand la maladie est localisée, toutes les parties atteintes sont saisies : maxillaire inférieur, langue. Il vous arrivera parfois de constater l'*actinomycose* chez le porc ; j'ai vu deux cas de généralisation : les muscles de cet animal étaient semés d'abcès (Saisie totale).

Nocard et Leclaniche donnent le moyen de différencier cette affection de la tuberculose. « Seule la tumeur des mâchoires est à peu près spéciale à l'actinomycose. La tuberculose est surtout différenciée par la tendance à la calcification des foyers et par l'extension des lésions aux ganglions correspondants ». Dans l'actinomycose, « le pus renferme en général des grains jaune soufre, formés par des conglomérats d'actinomyces ». Rennes ajoute dans son *Traité d'inspection des viandes* (p. 293), « qu'il suffit d'examiner, au microscope, à l'aide de la coloration de Gram, les grains jaunes contenus dans le pus pour reconnaître le *streptothrix*.

E) Rage. — La viande provenant d'animaux atteints de *rage* doit être saisie (art. 42 du Code rural).

L'article 13 du décret du 6 octobre 1904 est restrictif pour les animaux contaminés ; il dit que ces animaux peuvent être abattus pour la boucherie dans les huit jours qui suivent celui de la morsure.

F) FIÈVRE APHTEUSE (COCOTTE). — Sévit sur le bœuf, le mouton et le porc ; le microbe de cette maladie est très subtil. Quand la fièvre aphteuse n'est pas intense, la viande peut être distribuée pour la consommation. Nous faisons toujours *ébouillanter* les langues, les pieds et les mamelles avant de les livrer aux adjudicataires.

7° Viandes plus ou moins infestées par des parasites. — Dans cette classe, nous avons à examiner les viandes d'animaux atteints de *ladrerie*, de *distomatie*, de *strongylose*, de *trichinose*, de *cænurose*.

A) *Ladrerie* du porc est causée par le *cysticercus cellulose*, et la ladrerie du bœuf par le *cysticercus bovis*. Le cysticerque est très répandu dans l'organisme ; on en trouve dans le globe de l'œil, dans les ventricules du cerveau, dans la moelle épinière, dans le cœur et jusque dans le tissu osseux ; mais principalement dans tout le système musculaire. Il constitue la forme larvaire d'un ver *cestode*, ce qui veut dire en *forme de ruban ;* le ver solitaire en représente le vrai type. Les herbivores le contractent sous la forme cystique par l'absorption d'eau ou de plantes infectées ; les carnivores le contractent sous la forme de ver intestinal en mangeant de la viande infectée de cysticerques.

L'homme contracte le *tænia solium*, ver solitaire, en consommant de la viande de porc (viande ladre) ; le porc lui-même contracte la ladrerie en mangeant les excréments de l'homme atteint du ver solitaire.

En consommant de la viande de bœuf insuffisamment cuite, l'homme peut contracter le *tænia inerme, tænia du bœuf*. Les bœufs français sont rarement atteints de cysticercus bovis ; Bascou en a signalé un cas ; mais les bœufs d'Algérie, du Sénégal et de Madagascar, d'Italie et d'Allemagne sont souvent porteurs de cysticerques. M. Alix, vétérinaire principal, l'a signalé sur le bétail algérien.

Expertise. — La viande de porc ladre est parsemée de vésicules grosses comme un grain de chènevis et plus, remplies d'un liquide transparent grisâtre et contenant le germe de futur tænia (petit point blanc, tête d'épingle). Quand la ladrerie est très avancée, qu'il y a beaucoup de vésicules, le muscle prend un aspect grisâtre. Vu au microscope, le germe du tænia solium possède un rostellum et une double rangée de crochets.

Les vésicules du tænia du bœuf (inerme) sont ovoïdes et remplies d'un liquide brunâtre ; quand le bœuf est atteint de cette affection, on trouve toujours des vésicules dans le cœur et dans les muscles masseters (joues). Vu au microscope, on constate que ce parasite a quatre ventouses, mais pas de crochets : c'est ce qui le différencie du tænia solium.

Saisir le porc ladre, le lard peut être laissé au fournisseur. Cependant, des habitudes locales font varier les rigueurs de l'inspection ; dans certaines villes comme à Lyon et à Bordeaux, on ne saisit pas le porc ladre si on ne trouve pas plus de vingt grains de ladre. Perroncito prétend que le cysticerque est tué à 50° par la cuisson ; d'autres auteurs affirment qu'il faut au moins de 70 à 75°. La *saumure* contenant 25 p. 100 de sel tue le cysticerque au bout de vingt et un jours. La *réfrigération* stérilise les viandes ladres.

B) LANGUEYAGE. — Les langueyeurs, ces sortes d'inspecteurs empiriques qui existent encore dans certains centres d'élevage, ont pour mission de s'assurer que le porc n'est pas ladre. Le roi Jean le Bon créa les langueyeurs jurés, et sous le règne d'Henri IV il y avait encore une corporation de langueyeurs. Pour pratiquer le langueyage, il faut deux hommes, un chargé de faire tomber l'animal et de lui ouvrir la bouche au moyen d'un bâton, l'autre chargé d'inspecter la langue en promenant la main sur la surface de cet organe. Quand le porc est atteint de ladrerie, il a presque toujours sur la langue des grains de ladre qu'on sent facilement avec la pulpe des doigts.

Un porc *épinglé* est loin d'être *sain*. C'est celui sur lequel on a piqué avec une épingle les grains visibles à la base de la langue et qui passeront désormais inaperçus. L'*épinglage* constitue une fraude.

Bœuf. — Saisir toutes les parties atteintes. Le mouton et la chèvre sont quelquefois infectés par le cysticercus *tæniacollis*. Ce ver se trouve sur la plèvre et le péritoine.

C) CŒNURE DU MOUTON. — Le mouton est souvent atteint du cœnure cérébral. Ce ver se développe dans le cerveau et occasionne le tournis : le mouton atteint tourne sur lui-même par accès.

D) L'ÉCHINOCOQUE. — L'*échinoccocose* atteint le bœuf, le porc, le mouton, le chien et l'homme aussi. Elle est

caractérisée par la présence de grosses ampoules contenant la larve d'un cestoïde et qui siègent sur le poumon
et le foie. Ces ampoules remplies d'un liquide clair, irri-
tant, renferment des *scolex* ayant quatre ventouses et
une double couronne de crochets. C'est dans le corps
du chien que les échinocoques se transforment en tænias
(t. nana); le chien par ses excréments répand les œufs
sur les plantes comestibles des jardins (salades), et
l'homme contracte ce tænia (la larve) en mangeant ces
plantes infectées.

Expertise. — Il faut saisir tous les organes qui portent des échinocoques.

E) DOUVE. — (Distomatose). La *douve* a quelque ressemblance avec une petite sangsue très aplatie, elle
possède une ventouse abdominale. Nous ne citerons que
la *douve hépatique* et la *douve lancéolée* qu'on rencontre dans les canaux biliaires du foie de mouton et
du bœuf ; ces animaux la contractent en broutant de
l'herbe infectée de *cercanes*. La douve détermine chez
le mouton la maladie à laquelle on donne le nom de
cachexie aqueuse; elle fait perdre tous les ans de grosses
sommes aux éleveurs.

Expertise. — Les organes contenant des douves sont
saisis.

F) STRONGLE. — Le *stongylus filaria* est un *nématode*
qui affecte principalement le poumon du mouton ; il s'y
développe dans des proportions telles qu'il peut déterminer des pneumonies. Les lésions que les œufs occa-
sionnent dans le poumon, lui donnent l'aspect d'un poumon atteint de *tuberculose miliaire;* on peut croire
aussi qu'il a une *broncho-pneumonie ;* c'est pourquoi

on appelle la *strongylose, bronchite vermineuse* ou *phtisie vermineuse.*

Cette affection a fait en 1909 et 1910 de très grands ravages dans la Beauce : la mortalité a atteint 60 p. 100 et dans certains centres 97 p. 100

Expertise. — Saisir les poumons.

G) Trichine (Trichinose). — *Trichina spiralis.* Ver nématode en forme de fil enroulé sur lui-même qui vit dans les muscles et occasionne la maladie appelée *trichinose.* C'est un Anglais, J. Hilton, préparateur d'anatomie, qui le premier trouva ce ver dans les chairs d'un homme très âgé, mort d'une affection cancéreuse ; mais c'est un naturaliste, R. Owen, qui le baptisa du nom de *trichine.* La trichine peut se développer sur un grand nombres d'animaux : rat, porc, sanglier, lapin, chien, chat, cheval et sur l'homme.

Le porc contracte l'affection en mangeant des rats, et l'homme en consommant du porc atteint de trichinose. Cette maladie a jeté « l'épouvante » dans tous les pays où elle a régné ; en Allemagne, elle a inspiré autant de « terreur » que le choléra. Aussi l'inspection de la viande de porc y est-elle assurée d'une façon très minutieuse par un personnel spécialisé très nombreux qui examine au microscope six échantillons de chair de chaque porc abattu. Aux États-Unis, en Russie et en Danemarck, cette affection était autrefois assez commune ; grâce à un service d'Inspection vétérinaire bien comprise, elle a diminué dans des proportions notables. Les trichines se développent avec une très grande rapidité ; une femelle donne au moins cent œufs : Leuckort dit avoir compté 700.000 trichines et Zeutrer cinq millions dans une livre de viande provenant d'un homme mort de *trichinose.*

7.

Expertise. — La putréfaction n'a aucune action sur la trichine ; la salaison, saumure à 25 p. 100 pendant trois mois, la tue. La chaleur à 70° a raison de ce ver ; le froid doit être porté au moins à 15°.

Lorsqu'on vous présentera de la viande de porc, demandez toujours l'origine ; méfiez-vous des porcs originaires de l'Amérique et de l'Allemagne.

La viande trichinée doit être rigoureusement *saisie* et *dénaturée*.

H. Psorospermose. *Psoropermies*. — Les viandes de porc, de bœuf et de mouton peuvent quelquefois être plus ou moins infectées par des psorospermies (Miescheridés) organismes inférieurs de forme allongée (fuseau) composés d'une membrane striée et contenant de nombreuses loges. Ils dessinent à la surface et dans l'épaisseur des muscles des stries blanchâtres visibles à l'œil nu.

Expertise. — Quand la maladie est généralisée et s'il y a en même temps de la dégénérescence grasse, la *saisie* doit être *totale*. Le muscle est recouvert de granulations grisâtres et souvent de petits abcès à pus caséeux.

I) Coccidum oviforme. — Les soldats consomment souvent du lapin ; le foie de ces animaux est souvent atteint de coccidiose (coccidies oviformes) classe des grégarines. Le foie malade doit être saisi. Cette affection a été observée chez l'homme.

J) Phosphorescence des viandes. — Les inspecteurs du service vétérinaire de Paris ont constaté que la viande de certains moutons était phosphorescente quand elle était placée dans l'obscurité ; « sur la viande, surtout au voisinage des os, existaient des points phosphorescents, des traces lumineuses semblables à celles des vers luisants (lampyres) » Villain et Bascou, p. 242. On a attribué ce phénomène à la première phase de la putréfaction ; seule la surface des muscles est phosphorescente. D'autres ont été émises. Girad, de la Sorbonne, dit que : « la phosphorescence des viandes de boucherie se trouvant uniquement dans les poissons, il y aurait contagion de phosphorescence ». Et de fait des viandes de mouton ayant été ensemencées avec des cultures spéciales provenant de harengs phosphorescents, sont devenues phosphorescentes vingt-quatre heures après.

Dubois prétend que la phosphorescence est due à des parasites agissant dans les substances organiques mortes.

M. Blanc dit qu'elle est déterminée par un microbe spécial.

Expertise. — Les viandes phosphorescentes ne sont pas refusées.

SIXIÈME CONFÉRENCE

Sommaire. — Conditions de la fourniture prévue par le cahier des charges. — Mode d'examen de la distribution. — Hygiène des viandes, manipulations, préparation, conservation, altération.

Circulaires à consulter. — N° 20, circulaire relative à l'inspection et à la réception des viandes destinées à l'alimentation des troupes du 28 mars 1908 ; *B. O.*

N° 22, instruction relative aux principales dispositions à insérer dans le cahier des charges pour la fourniture de la viande ; 22 avril 1988 ; *B. O.*

N° 23, circulaire relative à la passation des marchés pour la fourniture de la viande fraîche et à la fixation de la prime de viande ; 22 avril 1908 ; *B. O.*

N° 24, circulaire sur la provenance du bétail à admettre dans les fournitures de viande de l'armée ; 19 mai 1908 ; *B. O.*

Toutes ces circulaires sont insérées dans le bulletin officiel du ministère de la Guerre qui paraît régulièrement dans tous les corps de troupes.

Dans cette conférence, nous allons étudier les moyens de procéder à l'examen de la viande abattue, en admettant que la visite du bétail sur pied a été *favorable* aux bêtes sur pentes à l'abattoir ou à la viande par quartiers, en morceaux débités provenant de ces bêtes. D'après l'Instruction n° 22, du 22 avril 1908, trois cas peuvent se présenter :

1° Examen des bêtes entières ;

2° Examen de demi-bêtes ou quartiers ;

3° Examen d'une fourniture par morceaux débités.

Avant d'examiner la viande, le médecin ou le vétérinaire doivent passer par un examen *non hâtif* et très *minutieux* des diverses issues de l'animal abattu. (Voir la conférence spéciale de l'Inspection des abats.)

1° EXAMEN D'UNE FOURNITURE COMPOSÉE
DE BÊTES ENTIÈRES

L'article 2 de l'instruction n° 22 vous fixe sur la nature de la viande à fournir. L'article 3 sur la qualité ; enfin l'article 4 vous énumère les conditions que doivent présenter les animaux abattus.

N'oubliez pas que la viande *trop grasse* donne de petites portions à la gamelle ; certes la graisse est nécessaire, mais on a actuellement une tendance à rechercher la viande trop grasse.

Depuis les circulaires de 1908 on a été d'un extrême à l'autre ; il résulte de mes observations journalières que le soldat n'aime pas la *soupe trop grasse* ; quand pour des raisons de service on lui donne la soupe froide, la graisse figée qui se trouve à la surface ne l'incite pas à la manger avec plaisir. Nombre de nos soldats sont dyspeptiques, malgré leur jeune âge ; or vous savez tous que la graisse se digère difficilement, et que en outre, en enrobant les autres aliments dans l'estomac, elle entrave leur digestion, parce qu'elle empêche le suc gastrique de les imbiber.

Dans les trois modes de fournitures réglementées par l'Instruction n° 22, l'Inspecteur doit :

A) Déterminer le *sexe* : bœuf, taureau, vache, brebis, mouton, porc, truie.

B) Déterminer la qualité de la viande d'après l'âge, l'état d'engraissement, la race et l'alimentation si possible (sucriers, fariniers). Pour vous rendre compte du genre d'alimentation auquel a été soumis l'animal, il faut examiner les excréments; pour cela, je vous engage à aller faire un tour dans les bouveries de l'abattoir avant de passer la visite sur pied.

Les animaux nourris aux grains et aux fourrages, s'ils ne sont pas malades, ont leur *bouse* (fiente) bien moulée; ceux nourris avec des pulpes, des résidus provenant des distilleries et des sucreries, rendent des excréments pâteux, dont l'odeur nauséabonde rappelle celle de l'aliment.

Du mois de mai à celui de juillet, les fournisseurs vous présentent des bœufs *sucriers*; je dois aussi réhabiliter leur viande qui a été trop décriée, de parti pris : elle vaut sûrement mieux que la réputation que lui ont faite quelques auteurs. Nous pouvons en parler en toute connaissance de cause parce que en maintes circonstances, dans nos visites aux cuisines, nous l'avons goûtée. Chez les *sucriers*, il y a trois qualités bien distinctes.

1° Les *sucriers très gras* et *fin gras* nourris presque exclusivement avec la pulpe des sucreries et des distilleries, qui donnent une viande *hydrémique*, dont les muscles s'affaissent considérablement, ne doivent pas être acceptés pour l'alimentation du soldat. Leur viande *tourne très vite* (s'avarie); cuite elle a toujours un goût de noisette légèrement moisie ou pourrie, mais je dois ajouter que l'impression au palais n'est pas désagréable. Le plus grand reproche que je lui fais, c'est d'être trop grasse ;

2° Les sucriers, beaucoup moins gras, nourris d'une façon mixte avec de la pulpe et des fourrages : trèfles, luzernes, sainfoin et menues pailles. Ceux-là ont la viande plus ferme, le goût dont nous avons parlé pour les premiers est moins sensible ;

3° Les sucriers nourris avec de la pulpe, des fourrages et des grains : petit blé, avoine, seigle, orge et sarrasin. Ces derniers, quand ils ne sont pas *très gras*, sont difficiles à distinguer des autres bœufs. Nous connaissons pas mal de villes importantes, qui sont alimentées avec de tels bœufs, pendant toute la saison des sucriers. Ajoutous que les peaux des bovins ainsi alimentés sont moins estimées et moins recherchées par la tannerie que celles des bœufs d'étable ou d'herbe ; l'alimentation par les pulpes occasionne une affection de l'épiderme qui fait que la peau tannée *se fendille* ; elles valent commercialement de dix à vingt centimes de moins le kilo.

Les sucriers sont extrêmement lymphatiques ; ils supportent très mal les voyages longs et pénibles, surtout par la chaleur.

La bête étant sur pentes de l'abattoir, l'inspecteur doit déterminer le *sexe* ; pour cela il portera ses regards du côté du bassin et examinera la coupe ou section de la symphyse pubienne (*quasi*). La tubérosité antérieure est presque *triangulaire* (figures 13 et 14, figures de la 4ᵉ conférence) pour le bœuf et le taureau et *plate* ou *aplatie* pour la vache. Chez les génisses, la tubérosité antérieure ressemble beaucoup à celle du bœuf, parce

que le tissu osseux de cette région est entouré d'une
couche cartilagineuse.

Si vous avez un bœuf à côté d'une vache, vous constaterez que le bassin de la vache est, toutes proportions
gardées, (selon la taille) plus large que celui du bœuf.

Le corps caverneux du bœuf est la moitié de celui du
taureau.

En dehors du bassin et en avant, la graisse du bœuf
est *mamelonnée*, celle de la vache est *lisse* ; la partie
dénudée du muscle plat de la cuisse est deux fois plus
longue chez la vache que chez le bœuf. L'enlèvement
des mamelles laisse sur la paroi abdomino-inguinale,
une cavité très appréciable.

Sur le taureau, il existe encore un autre caractère,
l'ouverture de l'anneau inguinal inférieur situé à droite
du muscle plat de la cuisse.

A) QUALITÉ. — Le règlement exige des bêtes de deuxième qualité. Les cornes et les incisives vous permettront de reconnaître l'âge ; l'examen sur pied vous a per-
mis de déterminer la *race ;* vous jugerez la qualité d'une
façon définitive quand vous aurez constaté l'épaisseur
de la graisse de couverture et la quantité approxima-
tive de la graisse de rognons et celle de grappé.

Le rognon doit être couvert ; le *grappé* fait souvent
défaut chez certaines bêtes de deuxième qualité.

B) SALUBRITÉ. — La couleur, l'odeur et la consistance
seront pour vous trois facteurs précieux. *Méfiez-vous
d'une bête dont la viande n'est pas raffermie douze
heures après l'abat* : dans ce cas ajournez toujours
votre décision et si, six heures après votre premier
examen, la viande n'est pas devenue ferme, procédez à

l'autopsie complète. Assurez-vous que la plèvre et le péritoine n'ont pas été enlevés. Examinez tous les ganglions viscéraux et intermusculaires à votre portée (sans trop abîmer la viande, qui aurait ainsi une valeur marchande beaucoup moindre.

Prélevez du sang pour l'examen au microscope, si vous avez le moindre doute (charbon, septicémie). Jetez un coup d'œil aussi sur les veines et les artères pour vous rendre compte si l'animal a été bien saigné ; car la viande provenant des animaux mal saignés s'altère beaucoup plus vite, surtout en été. (Le sang qui reste dans les masses musculaires provoque la formation des toxines.)

2° FOURNITURE PAR QUARTIER

L'article 5 de l'instruction n° 22 du 22 avril 1908, nous indique dans quelles conditions doit être faite la réception de la viande par quartiers ; comme pour les bêtes entières, vous aurez à déterminer.

A) LE SEXE. — Si on vous présente un quartier de derrière, votre tâche sera facile, en vous inspirant des règles que je vous ai données précédemment ; pour les *quartiers de devant*, la chose sera sinon impossible, du moins beaucoup plus difficile. Le taureau sera facile à reconnaître, surtout s'il n'est pas finement engraissé, *ni conformé en bœuf* (certains taureaux manceaux ont la conformation du bœuf). Le quartier d'un taureau se distingue de celui du bœuf par les saillies musculaires très fortes : de l'encolure, de l'épaule, de la cuisse et des gîtes des jambes. Pour faire disparaître les saillies musculaires les bouchers suspendent le quartier de devant, la viande étant chaude, pantelante, et mettent un poids de 20 à 40 kilos à la partie inférieure du quartier ; la viande s'étire et l'encolure prend l'aspect d'un cou de bœuf. On reconnaît encore le quartier du taureau par l'aspect nacré des aponévroses (arc-en-ciel des bouchers), la coloration de la viande, le *grain* de la viande qui est plus volumineux, et dont les faisceaux musculaires forment une saillie sur les coupes que vous pratiquez au moment de l'inspection.

Chez le bœuf, on ne voit plus les masses musculaires rebondies du cou ni de la cuisse.

Chez la vache en général l'épaule est très plate, le collier aminci, la région sus-lombaire peu développée.

B) LA QUALITÉ. — Le développement musculaire, la graisse de rognons pour le quartier de derrière, la graisse de *grappé* pour le quartier de devant, vous permettront de déterminer la qualité. La coupe (persillé), le grain, la consistance de la viande doivent toujours entrer en ligne de compte pour déterminer la *qualité*.

C) LA SALUBRITÉ. — Ni les séreuses, ni les ganglions ne doivent être enlevés. La couleur, l'odeur et la consistance vous mettront sur la voie. Pour le quartier antérieur, examinez toujours le ganglion de l'inspecteur (MANUBRIAL), voir figure 12. Dans son remarquable travail sur les ganglions, M. GODBILLE, chef du service vétérinaire de la Villette, donne à ce ganglion le non de *pré-susternal* de Van Hersten. Et le ganglion *poplité* pour le quartier de derrière.

Ces ganglions ne peuvent être enlevés sans détérioration de la viande, surtout le *poplité*.

En Allemagne, les inspecteurs vétérinaires ont une pince spéciale pour rechercher le poplité sans abîmer la viande.

Les inspecteurs français, quand ils ont des doutes sur la *salubrité* d'un quartier de derrière, font lever le tende de tranche (le premier garçon boucher venu peut faire cette opération).

Recommandations au sujet de l'inspection de la viande par quartiers :

1° *Ne marquez jamais plus de viande qu'il n'en faut pour assurer la distribution aux différents corps de la garnison. Cette prescription s'applique aussi aux bêtes entières et à la viande débitée en morceaux.*

Les fournisseurs ont le plus grand intérêt à vous faire estampiller le plus de viande possible, souvent le double des besoins journaliers, cela dans le but de ne distribuer que celle qui est moins MARCHANDE, *et j'ajoute de* MOINDRE QUALITÉ *malgré les apparences.*

Avant d'estampiller la viande, soyez toujours en possession du BON DE PRÉVISION *que pourra vous donner le major de la garnison ;*

2° *L'inspection ne doit jamais être faite ni trop matin, ni trop tard le soir ; l'inspecteur a besoin pour asseoir son jugement, de la lumière du jour ; au moment de votre visite, faites ouvrir largement les fenêtres pour que l'éclairage soit meilleur ;*

3° *Ayez le moins de monde possible autour de vous ; parmi les personnes qui vous entourent : les uns vous parlent pour vous distraire ; les autres vantent leur marchandise pour influencer votre jugement ; enfin les autres cherchent à masquer la viande pour vous cacher une fraude ;*

4° *La viande doit vous être présentée nue ; souvent les bouchers, sous le fallacieux prétexte de faire sécher la viande, parce que, disent-ils « le temps est humide » entourent certaines parties des quartiers avec des linges blancs très propres ;* LEUR BUT *est de cacher des défectuosités : ecchymoses, infiltrations et soustractions de viande ;*

5° *Ne marquez jamais un quartier entier sur les parois centrales (intérieur, face interne), car on pourrait prélever de la viande après votre visite ; les cachets doivent être appliqués* SEULEMENT *sur les principaux points de la face externe (face musculaire) ;*

6° *Méfiez-vous de la disposition des quartiers ; ils sont généralement très habilement présentés ; ceux de qualité supérieure cachent ceux de moindre qualité. Faites-vous-les présenter les uns après les autres. N'estampillez jamais un quartier suspendu ou accroché à un mur, et qui se trouve masqué ou caché par un autre. Visitez toujours la face interne et l'externe.*

3° FOURNITURE DE LA VIANDE
EN MORCEAUX DÉBITÉS

Pour pratiquer l'expertise de la viande en morceaux débités, l'Inspecteur doit avoir de solides connaissances techniques ; non seulement il doit faire la différenciation des viandes de diverses espèces et des sexes ; mais il faut encore savoir déterminer la région du corps d'où proviennent les morceaux qui lui sont présentés.

C'est surtout dans ce mode de fourniture, que l'anatomie offre de grandes ressources à ceux qui la possèdent. La deuxième partie B de l'instruction du

22 avril 1908 et les articles 1, 2, 3 et 4, vous donnent des instructions détaillées.

Sauf pour les morceaux *surlonge* et *joue* (masséters), tous les autres doivent peser un *minimum* de 5 kilogrammes ; comme pour les deux modes de fournitures précédents, il faut procéder avec méthode et tâcher de déterminer :

A) LE SEXE[1]. — L'odeur, la couleur de la viande et celle de la graisse ainsi que le grain vous permettront de reconnaître le sexe. Ne cherchez pas à différencier la vache du bœuf. Vous savez aussi que la viande de taureau est toujours plus ferme. La viande provenant d'animaux jeunes est moins foncée, plus pâle que celle provenant d'animaux adultes ; celle des animaux âgés ou vieux est plus foncée. Pour les caractères de la graisse, vous pourrez vous rendre compte si la viande qu'on vous présente en morceaux n'est pas de la viande de cheval (graisse huileuse, presque toujours jaune).

Tâchez toujours de déterminer la région en examinant les os. Le tissu osseux des vieux animaux est toujours plus dense[2].

B) LA QUALITÉ. — La quantité de graisse et le grain (finesse) vous permettront de déterminer la *qualité*.

C) LA SALUBRITÉ. — Toujours les mêmes règles à

---

[1] Dans un but de lucre, très souvent les bouchers laissent une couche épaisse de mamelle adhérente à chaque quartier de derrière. La moindre parcelle de cette glande sur un morceau débité vous permettra de déterminer le sexe. N'oubliez pas que la mamelle ne doit pas figurer dans les distributions.

[2] La race est déterminée au moment de la visite du bétail sur pied.

observer ; cherchez les traces des séreuses (plèvres et péritoine) et des ganglions. La couleur, l'odeur et la consistance vous donneront de très bonnes indications. Ne tenez pas trop compte d'une légère odeur de *relent*, *La viande débitée s'altère beaucoup plus vite que la viande en quartiers ;* si les coupes des morceaux qu'on vous présentera ne sont pas propres, exigez que le fournisseur enlève devant vous tout ce qui est souillé ou légèrement altéré (Instruction n° 22 du 22 avril 1908).

L'article 4 détermine la nature et la qualité des morceaux à fournir. Les coupes sont faites proprement et les gros os divisés à la scie.

Les morceaux *désossés* sont formellement exclus. *La proportion des os compris dans les pesées ne doit pas excéder le cinquième du poids total.*

Il est très difficile, pour ne pas dire impossible, d'évaluer la quantité d'os dans une fourniture de viande en morceaux débités ; le seul moyen d'y arriver sûrement c'est de désosser la viande en présence du fournisseur — grosse sujétion? (La viande désossée doit être mise dans la marmite le plus tôt possible pour éviter l'avarie).

Les deux tiers de la fourniture se composent *indifféremment* : *de l'épaule* avec sa *veine grasse*, du *train de côtes*, du *plat de côtes couvert*, de la *jambe* ou d'un morceau quelconque de la cuisse.

A) **Épaule.** — L'*épaule* est une région qui, dans certaines parties, selon la race, l'âge et l'état d'engraissement renferme d'après mes nombreuses expériences de 220 à 320 grammes d'os par kilogramme de viande.

L'*épaule* au point de vue de la coupe se divise en :

Crosse de gite. — Région qui ne contient guère que des os : os du carpe et parties inférieures du cubitus et radius.

Jambe. — Base osseuse constituée par une partie du radius et du cubitus ; elle s'étend, exactement, du quart inférieur du radius jusqu'à l'articulation huméro-radiale (Coupe civile).

Les muscles qui entourent ces deux os sont les extenseurs et les fléchisseurs du membre antérieur.

Charollaise. — A pour base l'olécrâne ; est appelée aussi *gite du devant.* Région très osseuse.

La crosse du gite, la jambe et la charollaise font partie de la troisième catégorie. Les gites, *rondins*, de devant constituent la *réjouissance*, os que les bouchers pèsent avec la viande. L'usage de compléter les pesées avec des os, *en sus* de ceux contenus dans les morceaux, avait été supprimé par un édit d'Henri IV ; la suppression de cet usage causa de grandes *réjouissances* dans le peuple. En fait, cet usage n'a été supprimé que sur le papier ; les bouchers l'ont toujours pratiqué ; parmi eux beaucoup ne se contentent pas des os de la bête qu'ils débitent, ils s'en procurent d'autres (C'est une fraude).

Jumeaux. — Base osseuse : la partie antérieure et supérieure de l'humérus, le bord antérieur du scapulum ; ces os sont plus ou moins enveloppés par l'huméro-mastoïdien et le sus-épineux (fait partie de la deuxième catégorie).

Macreuse. — La macreuse a la forme d'un rectangle ; on y trouve comme os une partie de l'humérus (inférieure) et un gros bout de scapulum. Région classée dans la deuxième catégorie.

Les muscles qui adhèrent aux os appartiennent aux

régions brachiales et en plus, une partie du sous-épineux et sous-scapulaire. Vous trouverez dans les régions des jumeaux et de la macreuse les ganglions *prescapulaire et sous-scapulaire.*

Pointe de derrière de paleron. — Base osseuse : partie supérieure du scapulum avec son cartilage de prolongement.

Au point de vue musculaire, cette région est surtout formée par la portion dorsale du rhomboïde (deuxième catégorie).

Talon de collier. — N'a pas de base osseuse; est donc uniquement formée de muscles dont les principaux à citer sont la terminaison du grand dentelé, les parties cervicales du trapèze et du rhomboïde. Partout les bouchers débitent cette région en biftecks, tantôt comme première, tantôt comme deuxième catégorie.

B) **Collier.** — Le collier doit être distribué avec sa *veine grasse ;* dans cette région il y a 200 à 250 grammes d'os par kilogramme de viande ; les vertèbres cervicales en constituent la base osseuse. La viande en est *spongieuse,* peu agréable à manger : on l'utilise surtout pour la fabrication du saucisson. J'ai conseillé de faire préparer la viande provenant du collier en daube ; en été, de la faire consommer froide en salade mélangée à des lentilles, des haricots ou des pommes de terre. A Paris et dans beaucoup de grandes villes, le collier se vend à un prix très inférieur (de 0 fr. 60 à 0 fr. 80 le kilogramme, selon la saison).

Les ganglions qui font partie de cette région sont les *cervicaux moyens* que vous trouverez dans la veine grasse.

C) **Train de côtes**. — Dans le train de côtes proprement dit (sans aloyau) il y a de 250 à 260 grammes d'os par kilogramme de viande.

Cette région se compose *du train de côtes découvert* et du *train de côtes couvert*. Anatomiquement, elle est constituée par les cinq dernières vertèbres dorsales, recouvertes par l'ilio-spinal ; mais les bouchers en général comprennent dans l'aloyau les trois dernières vertèbres dorsales, parce que l'aloyau se vend très cher.

Le train de côtes découvert, qui comprend quatre vertèbres dorsales à partir de la quatrième, est plus estimé et plus recherché, parce qu'il est moins gras (graisse de couverture). Les bouchers le débitent plutôt comme un morceau de première catégorie.

D) **Plat de côtes couvert**. — Cette région continue le plat de côtes découvert à partir de la septième vertèbre jusqu'à la onzième ; la viande du plat de côtes couvert est constituée par le muscle grand dorsal. Quand cette région n'est pas trop grasse, c'est, à notre avis, la meilleure pour le pot-au-feu.

Ganglions. — Les ganglions *dorso-aortiques et intercostaux* se trouvent dans le train de côtes couvert et découvert.

E) **Jambe**. — C'est la région comprise entre l'articulation fémoro-tibiale et tarso-métatarsienne ; la base osseuse est constituée par le tibia et les os du tarse ; les muscles qui recouvrent ces os sont des extenseurs et des fléchisseurs. Tandis que la cuisse contient de 140 à 160 grammes d'os par kilo, la jambe en contient jusqu'à 260 à 300 grammes. (Tout dépend de la coupe savante et oblique des bouchers.) Cette région, classée dans la troisième catégorie, est assez estimée pour le pot-au-feu.

F) **Un morceau de cuisse ou la culotte**. — La *culotte* est la partie terminale de la coupe ; elle est de forme prismatique et a pour base osseuse des parties du sacrum et de l'ilium. La *cuisse* ou *globe* comprend le *tende* de *tranche*, la *tranche* grasse et le *gite à la noix*.

Les bouchers préfèrent donner le tende de tranche ; ils choisissent cinq kilos dans la partie où se trouve le plus d'os, c'est-à-dire la région qui comprend la symphyse ischio-pubienne, le condyle interne du fémur et le col de l'ilium.

J'attire tout particulièrement votre attention sur cette coupe savante, qui consiste à vous donner cinq kilos de viande de *choix* (première catégorie) *composée surtout d'os.*

C'est dans la *tranche grasse* qu'on trouve la rotule.

Ganglions. — Vous trouverez dans la cuisse une série de ganglions dont le plus intéressant à rechercher est le *poplité*, situé dans le gite à la noix. Le ganglion *inguinal* se trouve dans le tende de tranche, et dans la tranche grasse selon la coupe vous trouverez tantôt un fragment du *précursal* tantôt le ganglion entier ; enfin dans la culotte vous trouverez le ganglion *anal* que je vous ai fait toucher maintes fois en explorant le *cimier* (maniement).

COMPOSITION DU TROISIÈME TIERS

Le dernier tiers comprend *indifféremment : le gros bout*, le *milieu de poitrine*, la *surlonge* et la *joue désossée*, (ces deux derniers peuvent être d'un poids inférieur à cinq kilos) (citation du règlement). La rédaction de ce paragraphe est ambiguë ; cela permettrait au fournisseur de composer le troisième tiers à son gré, c'est-à-dire à son avantage. En effet, le mot *indifféremment* peut être mal interprété ; il semble vouloir *autoriser* le fournisseur à constituer sa fourniture de viande ; par exemple avec un tiers composé seulement de gros bouts, ou exclusivement de milieux de poitrine, et les deux tiers en collier, ce qui ferait tout à fait son affaire ?

A) **Gros bout et milieu de poitrine.** — C'est le sternum qui forme la base osseuse de ces deux régions.

Le *gros bout* va du commencement du sternum à la troisième côte ; le *milieu de poitrine* se continue de la quatrième à la septième côte. On y remarque comme muscles quelques débris des pectoraux, mais en fait, dans ces deux morceaux, il y a surtout de l'os, du tissu cartilagineux et de la graisse. En boucherie civile, ces régions sont qualifiées de *basse viande* (pis de bœuf). Malgré son habileté, le soldat cuisinier fera des portions congrues, avec le gros bout et le milieu de poitrine. C'est dans le gros bout, dans le creux formé par le cartilage de la première côte, que vous trouverez le fameux ganglion de l'*Inspecteur* (Van Hersten, directeur de l'abattoir de Bruxelles (fig. n° 12) ; ce ganglion est aussi appelé *présusternal* ou *manubrial*. Dans le milieu de poitrine, vous trouverez la série des *susternaux* situés au fond des troisième, quatrième et cinquième espaces intercostaux. Tous ces ganglions sont très intéressants à consulter en cas de suspicion de tuberculose.

B) **Surlonge.** — Comprend la région des trois premières vertèbres dorsales. Muscles, le grand dentelé et l'angulaire de l'omoplate (deuxième catégorie).

Ganglions. — Dans cette partie, vous trouverez les *ganglions axillaires* ou *prépectoraux*, situés sur les veines axillaires près de la première côte.

C) **Joue.** — Région du maxillaire inférieur encore appelé *plat de joue* (muscle masséter). Ce muscle, qui travaille beaucoup, est très dur. La joue doit être complètement désossée (basse viande).

Ganglions. — Vous trouverez dans cette région les *préparotidien* et *rétro-pharyngien.*

1° *Recommandations.* — N'acceptez jamais, même pour compléter une pesée, de la viande désossée qui provient généralement de vaches maigres et vieilles *dites charcutières* (pour faire de la saucisse). On peut en outre vous donner de la viande de cheval désossée de laquelle on aura enlevé la graisse. Si dans les morceaux débités il y a des os à moelle vous pourrez différencier les viandes.

La moelle des bovins est blanche légèrement rosée, la coupe en est lisse. « Elle occupe intégralement le canal médullaire et ne forme qu'un seul bloc se détachant facilement de l'os. Sortie du canal médullaire, la moelle est une masse de forme identique à celle de ce canal, reproduisant les irrégularités de la cavité osseuse et recouverte d'une fine pellicule rouge. Ce bâton de moelle se brise en fragments irréguliers. Malaxés entre le pouce et l'index ces fragments s'écrasent et fondent lentement.

Ils fondent aussi lentement sur la langue et n'ont aucun mauvais goût.

Projetée dans l'eau bouillante, la moelle résiste à l'ébullition et reste en masse d'apparence gélatineuse ».

8.

La moelle osseuse du cheval sain : « forme des amas plus ou moins étendus remplissant les espaces libres de la cavité médullaire qui est *traversée* par des *lamelles osseuses*.

Un fragment de moelle saine forme une masse gélatineuse, solide, jaune *safrané*, à coupe irrégulière et résistante. Cette masse fond à la pression du doigt et se réduit en bouillie. Elle colle au doigt.

Projetée dans l'eau bouillante, la moelle saine de cheval conserve son aspect gélatiniforme, mais une multitude de petits canalicules apparaissent à la surface, rappelant une écumoire et réprésentant les espaces occupés par les lamelles osseuses qui traversent la moelle.

La moelle de cheval a un gout *âcre désagréable* et est très légèrement odorante ». Les caractères différentiels fournis par la moelle sont typiques, ils vous seront d'un grand secours pour la différenciation des espèces. J'ai pris ces renseignements dans la très intéressante *Revue pratique des abattoirs;* ils sont dus à la plume de mon savant confrère Rousseau, directeur et inspecteur de l'abattoir de Reims.

2° Marquez tous les morceaux débités sur chaque face, et seulement les morceaux prévus par le règlement.

3° N'acceptez jamais des blocs ou des morceaux de graisse qui ne sont pas adhérents à la viande.

Réflexions suggérées par le mode de fourniture en morceaux débités. — Maintes fois je vous ai fait voir combien il était facile d'introduire à travers les couches musculaires de certains morceaux de viande débitée, des débris de toutes sortes, en général peu nutritifs et souvent altérés. Les bouchers parisiens donnent à ces morceaux le nom de *gobets* (de gober). N'oubliez donc pas de *visiter ces distributions morceau par morceau*.

Ce mode de fourniture, outre que le contrôle de la viande est très difficile, *se prête beaucoup à la fraude*. Il permet, en effet, aux fournisseurs d'écouler des bas morceaux de même espèce, mais d'origine et de qualités différentes. Si la viande est de bonne qualité, elle provient d'animaux trop gras. Des morceaux provenant de bêtes insalubres peuvent y être habilement glissés.

Dans tous les congrès de la Boucherie française on peut lire : « Fournitures militaires, le Congrès émet le vœu : que la fourniture soit faite par morceaux débités et limités aux morceaux de *deuxième* et *troisième* catégories. »

C'est parce que, disent les bouchers, nous ne trouvons pas l'écoulement des bas morceaux dans la clientèle civile ? Mais pourquoi vouloir que le soldat consomme la viande qu'à tort ou à raison ne veut pas consommer le civil ? Aujourd'hui la prime consacrée à l'achat de la viande est en général très élevée ; le soldat a droit à la viande de *tout le monde* !

En résumé ce mode de distribution est un trompe-l'œil ; si vous êtes consultés par les Chefs de corps pour la rédaction du cahier des charges, demandez par ordre de préférence :

1° Fourniture de bêtes entières ;

2° 2/3 quartiers de devant et 1/3 quartier de derrière ;

3° Quartiers de devant ;

4° Fourniture par morceaux débités, seulement *s'il n'est pas possible de faire autrement*.

DISTRIBUTION DU MOUTON

Le mouton est une viande qui ne rend pas à la gamelle, parce qu'on donne trop de *bas morceaux ;* les capitaines donnent du mouton le dimanche pour profiter du boni résultant des permissionnaires et augmenter ainsi la portion. Les hommes aiment le rata de mouton quand il est fait avec des morceaux *pas trop gras*.

Faites exécuter ponctuellement le cahier des charges qui dit : les fournisseurs doivent livrer à tour de rôle et à poids égaux :

1er lot : l'épaule ;

2e lot : la poitrine avec côtelettes découvertes ;

3e lot : le gigot entier.

Pour l'inspection du mouton, conformez-vous aux mêmes méthodes que je vous ai décrites pour la viande de bœuf.

La proportion *en brebis* doit être du 1/5e.

Autres circulaires à consulter. — (Bulletin officiel). Notice sur les conditions que doivent remplir les denrées d'ordinaire autres que la viande (du 29 mai 1908).

Instruction pour l'application du décret du 5 juin 1908 sur la répression des fraudes dans l'armée (12 juin 1908).

Instruction sur la fourniture, le contrôle et l'inspection de la viande pendant les déplacements, marches et manœuvres (24 août 1908).

Instruction relative à l'enseignement à donner au personnel militaire chargé de l'examen et de la réception des animaux et des viandes de boucherie (6 novembre 1908).

Circulaire relative à la constatation des fraudes en matière de viandes (5 mars 1909).

Loi du 1er août 1905 (Répression des fraudes).

Loi du 5 août 1908 modifiant l'article 11 de la loi du 1er août 1905.

Loi du 21 juin 1898 (Code rural).

Décret du 6 octobre 1904.

Loi du 8 janvier 1905 (abattoirs publics).

Décret du 24 août 1908.

Loi du 12 janvier 1909 ayant pour but de combattre les épizooties et les maladies contagieuses.

Circulaire ministérielle du 25 juillet 1908 sur l'Inspection des tueries particulières et des viandes de boucherie.

Circulaire ministérielle du 15 février 1909, *Tuberculose* ; réglementation des saisies de viandes.

HYGIÈNE DES VIANDES
MANIPULATIONS. — PRÉPARATION

La circulaire ministérielle du 23 août 1908. N° 33 vous indique les prescriptions relatives à l'hygiène des viandes ; je vais vous la citer textuellement en *la commentant*. (Les commentaires sont soulignés.)

Les prescriptions ci-après seront portées à la connaissance des hommes de troupe ; elles seront reproduites sur des pancartes placées dans les cuisines, réfectoires et infirmeries.

En raison des conséquences que le défaut de propreté peut avoir sur la santé des soldats, il est rigoureusement prescrit d'observer les recommandations suivantes :

1° La chaleur et les buées de cantines sont défavorables à la bonne conservation des viandes. Nous ajoutons que, en général, la vaisselle des cantines n'est pas trop propre, la viande, les pâtés, le fromage y sont souillés par la poussière, la fumée de tabac et les mouches. On doit éviter, surtout en été, de conserver la viande fraîche, même pendant un court laps de temps, dans des locaux mal ventilés. *La grosse majorité des cabanons régimentaires dans lesquels on met la viande, sont mal aérés, mal éclairés, mal tenus, trop petits et encombrés d'ustensiles et denrées qui peuvent communiquer un mauvais goût à la viande et souvent la polluer. Ils sont donc insuffisants pour la conservation de la viande en général et plus particulièrement pour celle en décongélation ou simplement refroidie, parce qu'ils ne répondent à aucun des désiderata de l'hygiène moderne. Les soldats manquent de linge propre et n'usent pas assez de carbonate de soude pour le lavage de la vaisselle.*

2° Les viandes, aliments éminemment altérables, ne doivent jamais être exposées aux souillures accidentelles.

Les aliments malpropres portent avec eux jusque dans l'intestin, les germes susceptibles de passer dans la circulation ou de se multiplier sur place. Il ne suffit pas de faire bien cuire les viandes pour être assuré de la destruction des microbes dont elles auraient pu être souillées. Il faut encore éviter de les polluer après la cuisson.

Les viandes peuvent devenir dangereuses même lorsqu'elles proviennent d'animaux sains; crues ou cuites, elles constituent des milieux favorables à la culture des microbes.

La plus stricte propreté en matière de boucherie et de cuisine est donc le meilleur moyen de prévenir bien des troubles digestifs.

Je vous ai déjà dit dans une précédente conférence que les viandes saines pouvaient être polluées dans les salles d'abatage.

3° Les personnes qui ont eu la fièvre typhoïde ou d'autres affections similaires (intoxications paratyphiques), ne doivent pas être employées aux cuisines, en raison de ce fait que l'intestin peut conserver, pendant longtemps, les germes de ces maladies.

Il convient aussi de savoir que les agents microbiens en question peuvent exister dans les selles des personnes bien portantes, vivant dans l'entourage des personnes atteintes de ses affections.

Trop souvent, nous avons vu des chiens dans les cuisines; les excréments de ces animaux sont toujours dangereux, parce qu'ils peuvent contenir des germes parasitaires, transmissibles à l'homme.

4° Les personnes préposées aux soins à donner aux viandes doivent observer individuellement les règles de la plus stricte propreté. Leurs vêtements doivent toujours être bien blancs. Elles doivent utiliser le plus souvent possible les lavabos mis à leur disposition.

Les hommes mangent avec répugnance les aliments qui sont préparés dans des cuisines malpropres et par des cuisiniers mal tenus, sales. Les aliments, fussent-ils de première qualité, sont refusés par les hommes si la préparation n'est pas faite proprement et avec un peu d'art. Il suffit d'entrer dans les réfectoires après un repas, pour voir la quantité d'aliments abandonnés, aliments en général mal cuits et mal préparés, trop ou pas assez épicés.

5° Les viandes destinées à la fabrication des saucisses devront être hachées et préparées immédiatement avant leur utilisation. Il est dangereux de conserver à la cuisine des hachis de viande, si l'on ne dispose pas de chambres froides ou de glacières bien agencées.

Les glacières fonctionnant mal sont plutôt nuisibles; l'humidité en se dégageant de la glace, prépare sur la viande un terrain favorable au développement des agents pathogènes les plus malfaisants.

6° Les viandes sont d'autant plus profitables à l'économie qu'elles sont mieux broyées et mieux insalivées; c'est pourquoi il importe de manger lentement.

Pour faciliter l'assimilation des aliments, il faut servir aux hommes des repas chauds.

7° Les mains qui touchent aux viandes et en général aux aliments, doivent être soigneusement lavées.

Ne pas oublier la toilette des ongles. En résumé, les viandes, mais plus particulièrement celles qui sont débitées en morceaux, doivent être manipulées le moins possible.

CONSERVATION DE LA VIANDE

Je serai très bref sur les différents procédés de conservation utilisés jusqu'à ce jour. Un seul procédé s'impose aujourd'hui, c'est le *refroidissement* et la *congélation*. Ce mode de conservation des viandes fera l'objet d'une conférence spéciale, car il nous intéresse profondément au double point de vue de l'alimentation du soldat en temps de paix et en campagne.

Un procédé économique est usité de longue date; c'est la *dessiccation de la viande*. Ceux d'entre vous qui ont séjourné dans les colonies, et ceux qui ont fait les manœuvres des Alpes, ont pu apprécier ce mode de conservation. En effet, les Arabes dans le désert ont l'habitude de préparer des viandes sèches. La *carne seca* de l'Amérique du Sud, se prépare en découpant la viande de bœuf en lanières minces et longues que les naturels du pays saupoudrent avec de la farine de maïs, employée pour absorber les sucs épanchés à la surface de la viande ; puis ils exposent ces lanières au soleil. La déperdition par évaporation est considérable, elle peut atteindre 75 p. 100. La viande ainsi préparée, se conserve de 20 à 50 jours. Rôtie, elle n'est pas agréable ; en pot-au-feu, on l'a dit appétissante et le bouillon serait assez succulent.

Dans les Alpes, on prépare un produit analogue à la *Tasajo* de l'Urugay, avec de la chèvre et même du mouton maigre.

La viande préalablement salée et séchée au soleil est pressée ; elle a très mauvais aspect ; mais la coupe musculaire reste très brillante et d'un rouge vif. Rôtie, la tasajo a bon goût, mais en général est trop salée.

Dans mon traité des fraudes, pages 41, 42 et 43, j'ai étudié la conservation de la viande au moyen des antiseptiques ; ma conclusion est que toutes les substances employées pour conserver la viande sont nuisibles à la santé et qu'il faut rejeter de la consommation toutes les viandes conservées avec des antiseptiques.

M. BAILLET, dans son Traité d'Inspection des viandes, cite le procédé par l'*élimination* de l'air dû à un savant français, APPERT, et modifié par FRASTIER et MARTIN DE LIGNAC. C'est par ce procédé qu'on conserve des fruits, des légumes, la viande et des poissons ; les aliments ainsi conservés ont perdu leurs propriétés sapides et odorantes.

Production d'une *atmosphère atificielle*, d'après les principes de GAY-LUSSAC et les expériences de GAMGÉE de Londres, Dr VERNES et PAUL BERT. Tantôt on emploie l'oxyde de *carbone* et l'acide sulfureux en même temps ; ou bien on fait usage d'azote, d'oxygène comprimé ou d'acide carbonique.

Enfin on conserve encore les viandes *par enrobage*, soit avec de la gélatine, soit avec des corps gras ou des substances plus ou moins inertes : sciure de bois, gomme arabique, gutta-percha, fécule, etc., etc. Toutes ces substances communiquent à la viande des goûts particuliers et des odeurs très désagréables, par conséquent elles ne sont pas pratiques (il faut cependant en excepter la chapelure dont les Anglais font grand usage).

ALTÉRATIONS DES VIANDES

Je vous ai déjà parlé des altérations *par les influences atmosphériques* : viandes qui *tournent* (putréfaction, odeur de relent ou relan, viande verte).

Les viandes peuvent être aussi altérées par les déjections ou la ponte des œufs de la *vulgaire mouche domestique* ; les larves qui se développent rapidement, quelques heures après, détruisent la viande et lui donnent un aspect répugnant.

La *mouche carnassière* qui est d'une fécondité excessive, s'attaque aussi à la viande et contribue puissamment à son altération.

Il y a un certain danger à consommer des viandes polluées de larves, car ces larves peuvent éclore dans l'estomac et provoquer des troubles digestifs. (Myase de Van Breden, Laboulbène, etc.)

DE QUELQUES ALTÉRATIONS DU TISSU MUSCULAIRE

Dans une précédente conférence, à propos de l'estampillage des viandes, je vous ai dit parfois qu'il était téméraire de considérer une viande estampillée comme étant absolument saine ; l'Inspecteur ne peut pas fouiller tout un tissu sans porter un préjudice considérable au commerçant, et il arrive souvent que toute une région, la cuisse par exemple, d'apparence saine, renferme des parties absolument inutilisables, sinon insalubres.

Abcès. — Nous avons rencontré souvent dans le gigot des abcès ayant pour base le *poplité* (ganglion). Le porc est encore plus sujet à ces sortes d'abcès que le mouton. Chez le bœuf, et plus particulièrement chez les *sucriers*, on rencontre des abcès volumineux contenant un ou deux litres de pus crémeux.

Expertises. — La saisie partielle large s'impose ; il convient de détourner toute la viande qui a été infectée par le pus ; l'odeur de la viande vous guidera pour délimiter la zone de saisie, car le pus des abcès chez le mouton et le porc répand toujours une odeur infecte. La viande saisie doit être remplacée par le fournisseur.

<h2 style="text-align:center">TRAUMATISMES. — INFILTRATIONS</h2>

Généralement, les animaux destinés à l'alimentation du soldat, surtout ceux qui sont adressés aux grands centres militaires, ont fait de longs voyages à pied et en chemin de fer ; ils ont reçu force coups de bâtons et des coups d'aiguillons. En chemin de fer, ils sont tamponnés ; tous ces heurts et coups produisent sous la peau des ecchymoses plus ou moins profondes, qui se traduisent dans les muscles par des infiltrations séro-sanguinolentes. Quelquefois, les fibres musculaires sont déchirées et écrasées.

Parfois il y a des fractures dues aux glissades. Toutes

les régions qui ont de la *guiche* (infiltrations) doivent être rejetées de la consommation.

Myosite. — Sur les animaux fatigués et particulièrement sur le taureau, nous avons observé plusieurs fois le long de l'ilio-spinal, une très forte injection du tissu cellulaire, intermusculaire et périphérique.

Nous avons inspecté des milliers de moutons de toutes provenances : algériens, tunisiens, russes; nous n'avons *jamais* observé des lésions de myosite *dues au surmenage*.

Nécrobiose. — Les bœufs de pays ayant fait des travaux pénibles (labours et charrois) présentent quelquefois de la nécrobiose due à des obstructions artérielles et veineuses.

SEPTIÈME CONFÉRENCE

Sommaire. — Des fraudes qui se pratiquent dans l'armée (bétail sur pied, viandes et produits manipulés de la charcuterie) [1].

Le *fraudeur* est en général un fin connaisseur, très habile et aussi audacieux; son rôle de trompeur est d'autant plus facile que, à quelques exceptions près, il n'a affaire qu'à des profanes.

La loi de 1905 sur les Fraudes a donné dans l'ensemble de bons résultats parce que, seule, la répression qui résulte de son application est efficace.

Le fraudeur connaît toutes les finesses de la chimie et en retire d'immenses avantages.

Pour dépister les fraudes dans les cas qui nous intéressent, il faut posséder à fond la science de l'Inspection du bétail sur pied, celle des viandes saines ou malades et des produits manipulés de la charcuterie.

Nous allons examiner successivement et très brièvement les diverses fraudes qui se pratiquent :

A) Sur le bétail sur pied ;

B) Fraudes sur la viande ;

C) Fraudes sur les produits manipulés.

[1] Pour plus amples renseignements au sujet des fraudes, consulter la brochure : « *Des fraudes dans l'armée et dans la commerce du bétail* par M. Raynal. H. Ch. Lavauzelle, éditeur militaire, 10, rue Danton, Paris (Prix de vente 2 fr.).

A). — FRAUDES QUI SE PRATIQUENT
SUR LE BÉTAIL SUR PIED

Il y a lieu de distinguer : 1° les fraudes qui se pratiquent sur le bétail avant son *arrivée* sur le lieu de vente.

2° Celles qui ont lieu *dès* l'arrivée du bétail sur le lieu de vente.

1° Fraudes avant l'arrivée du bétail sur le lieu de vente. — Ces tromperies ont un double but : développer l'*embonpoint* pour grossir le bétail; en deuxième lieu, le *rajeunir*.

Pour obtenir l'*embonpoint* ils les *suralimentent* en leur faisant ingérer des boissons très salées dont les bovins sont très gourmands ; puis ils les bourrent d'aliments grossiers ou de grains cuits (petit blé, seigle).

Par ces moyens ils arrivent à donner à l'animal une *obésité* passagère qui fait paraître l'animal plus lourd qu'il n'est en réalité [1].

Rajeunissement. —Les fraudeurs ont un grand intérêt à *rajeunir* le bétail, parce que la viande des jeunes animaux de trois à six ans est réputée plus savoureuse ; en outre si les animaux sont destinés au travail, on les paye plus cher à l'âge de trois à cinq ans que lorsqu'ils ont atteint huit ou dix ans.

En général, les *trucs* employés pour rajeunir ne portent que sur les cornes; cependant sur les jeunes animaux ils arrachent les dents de *lait* pour faire pousser plus tôt les dents *permanentes*.

[1] Pour faire disparaître très rapidement le ventre des animaux suralimentés, faites-les attacher derrière une voiture qui marche à une allure rapide; par ce moyen, ils se videront très vite.

Comme je vous l'ai dit antérieurement, on reconnaît l'âge par l'examen des cornes. Il est indiqué par le nombre de *sillons* ou *anneaux* en comptant trois ans pour le premier sillon et un an pour chaque *sillon* qui suit.

Pour rajeunir les bêtes, les *maquignons* font disparaître au moyen de râpes spéciales un ou plusieurs sillons.

Ils donnent à la corne le *luisant* que la râpe a fait disparaître, en badigeonnant la partie râpée avec un vernis quelconque ; souvent ils emploient le *cérumen* recueilli dans les oreilles de l'animal à rajeunir.

2° FRAUDES QUI SE PRATIQUENT DÈS L'ARRIVÉE SUR LE LIEU DE VENTE. — Ces tromperies ont pour but de modifier l'aspect de l'animal au moyen d'une *toilette* spéciale.

Dans le but de rendre le *dos plus large*, ils coupent les poils le long de l'échine ; arrachent ceux de la queue et donnent quelques soins aux sabots.

Pour avantager le bétail mis en vente, les bêtes sont attachées sur un plan montant et la tête très basse. Cette position élargit le dos, et fait descendre le poitrail qui est ainsi plus ferme au toucher.

Les bouchers ont intérêt à abattre hors tour certaines bêtes dites de *chasse*, parce qu'elles sont marquées d'une façon spéciale qui signifie abatage *pressé*.

B) — FRAUDES SUR LA VIANDE

(PRATIQUÉES SUR L'ANIMAL ENTIER A L'ABATTOIR AVANT L'INSPECTION).

Les bouchers savent par expérience que ces bêtes de *chasse* généralement fatiguées ou surmenées, *tombent rouges* ; leur viande est *saigneuse*. Pour éviter cet inconvénient qui déprécie la viande au point de vue de la vente, ils pratiquent une saignée spéciale appelée *écoffrement* ou *écoffrage*. Le tueur ouvre, ou l'axillaire gauche et la dorso-vertébrale droite ou seulement les deux dorso-vertébrales (Dr PAGÈS, *Hygiène pour tous*).

Cette saignée ainsi pratiquée atténue considérablement les désordres produits par la stase veineuse ; mais elle a le grave inconvénient de souiller les plèvres qui prennent une coloration rouge *indélébile*.

Pour cacher la fraude, le boucher est obligé d'enlever la plèvre costale.

Le détachement du feuillet pariétal de la plèvre constituant une fraude, l'inspecteur doit *refuser* l'animal.

On pratique cette fraude dans les tueries particulières et pendant les grandes manœuvres sur des animaux fatigués ou atteints d'indigestion.

Lorsque la plèvre a été enlevée, la cavité thoracique n'a plus l'aspect brillant ; on constate la présence de filaments résultant de l'arrachage.

Soufflage des viandes. — Le *soufflage* des viandes qu'il soit *général* ou *local* (soufflage *intermusculaire* dénommé *musique* ou *brochage*) constitue une fraude.

On pratique le soufflage intermusculaire au moyen d'un tube spécial appelé *bouffoir* ou *musique*.

Le *soufflage général* favorise la putréfaction des viandes en introduisant dans les tissus cellulaires et musculaires des agents microbiens en suspension dans l'air ; *le soufflage à musique* est encore plus dangereux que le précédent, car l'air est introduit dans les tissus au moyen du *bouffoir*, dans lequel souffle à perdre haleine un garçon boucher plus ou moins propre et

quelquefois pas trop sain? (syphilitique, tuberculeux, etc., etc.).

La fraude est facile à reconnaître : en pressant sur
les régions qui l'ont subie, il se produit un affaissement
des tissus.

Ramonage. — Pour faire disparaître en partie les
traces de certaines maladies fiévreuses aiguës ou chroniques ; les bouchers enlèvent pendant *l'habillage*
l'animal étant encore sur les pentes, la totalité ou une
partie des *plèvres* et du *péritoine*.

Cette opération prend le nom de *ramonage* dans le
langage trivial de la boucherie.

L'inspecteur doit *refuser* les animaux auxquels on a
enlevé les plèvres et le péritoine. Dans l'expertise de la
viande en morceaux, il faut toujours s'assurer que ces
membranes n'ont pas été détachées sur les morceaux
où elles devraient figurer.

Enlèvement ou ramonage des ganglions. — Le fraudeur étant très observateur sait que, pour se rendre
compte du degré de généralisation de la tuberculose, le
vétérinaire cherche les ganglions disséminés dans tout
le corps de l'animal suspect. Il utilise à son tour les
notions d'anatomie qu'il possède pour enlever les ganglions, chaque fois qu'il veut écouler de la viande
provenant d'animaux morts de maladie ou atteints de
tuberculose généralisée.

Si l'inspecteur constate que les ganglions font défaut,
la viande expertisée est sûrement truquée. La fraude
est évidente : la viande doit être *saisie* et le vendeur
poursuivi.

Substitution d'organes. — Pour échapper aux rigueurs et surtout aux exigences qu'impose la loi du code rural chaque fois qu'on découvre une maladie contagieuse, certains bouchers remplacent un *poumon tuberculeux* par un *poumon sain*.

Chaque fois qu'il fait l'expertise, l'inspecteur doit s'assurer que le volume du poumon correspond bien à la taille de l'animal ; il doit toujours *imprimer* une *traction* assez forte sur cet organe pour s'assurer s'il est réellement adhérent à la cavité thoracique. Cette fraude se pratique quand la tuberculose est localisée au poumon.

Apposer à un animal de qualité inférieure la toilette parvenant d'un animal de meilleure qualité. — Cette fraude se pratique sur le mouton et sur la chèvre ; elle a pour but de faire consommer de la viande de qualité très inférieure, très peu alibile, provenant d'animaux très *maigres, cachectiques* ou *hydohémiques*. La fraude consiste à prendre la *toilette* (épiploon) d'un animal gras pour l'appliquer sur un animal défectueux. On prend toujours l'épiploon d'un animal plus grand que celui dont on veut cacher les tares et on l'applique sur l'ouverture de la cavité abdominale. La fraude est très facile à reconnaître : il suffit de soulever la *toilette* pour constater le délit et juger de la qualité et de la salubrité de l'animal truqué. L'inspecteur refuse ou saisit selon les cas.

Moyen de rendre rouge la section de la colonne vertébrale. — On abat souvent des bêtes en *chair*, sur la limite d'acceptation, atteintes à un degré plus ou moins avancé, d'*anémie*, d'*ictère* et d'*hématurie* ; dans ces cas, la coupe de la colonne vertébrale, au lieu d'être *rouge vif*, est *rose très pâle, jaune safran* ou *jaune verdâtre*. Ces teintes rendent la viande *peu marchande*; pour tromper l'acheteur, les fraudeurs badigeonnent la partie spongieuse des vertèbres avec du sang frais.

La fraude est très facile à discerner. Elle doit inciter l'inspecteur à faire une expertise plus circonstanciée; l'examen des ganglions lymphatiques s'impose.

Marquage des viandes avec des faux cachets ou par décalquage des marques apposées par le vétérinaire. — Il arrive quelquefois que des fournisseurs possèdent de faux cachets; ils peuvent marquer ainsi des viandes jugées insuffisantes et les distribuer à des petites unités isolées qui n'ont pas de moyens de contrôle faciles.

La recommandation de faire accompagner la viande est très bonne, mais il faut faire changer le plus souvent possible le soldat ou le sous-officier qui l'accompagne. Évitez le plus possible de confier cette mission à un professionnel, qui à la longue devient le complice du vendeur.

Nota. — Toutes les fraudes que nous venons de passer en revue se pratiquent à l'abattoir ou dans les tueries particulières sur les bêtes entières. Celles que nous allons examiner dans les pages suivantes se font sur des morceaux de viande et au domicile du fraudeur.

Fraudes pour enjoliver la viande, la rajeunir et cacher les premiers signes de l'avarie. — Cette fraude se pratique sur la viande débitée en morceaux plus ou moins volumineux dont la coupe est *ternie* par l'action des influences atmosphériques.

Pour la *rajeunir* on badigeonne les coupes *ternies* avec de la *synovie* (fraude inoffensive), mais le plus souvent avec une préparation à base d'hyposulfite de potasse (*olabar*) qui avive les tons et fait disparaître l'odeur de *relent*.

L'emploi de ces produits ne protège que la couche ternie, mais la *putréfaction* fait des ravages dans le tissu musculaire.

Cette fraude peut ainsi devenir dangereuse, car le tube digestif de l'homme est très sensible à l'action des viandes putréfiées même légèrement.

Fraude au moyen des antiseptiques. — Les principaux agents antiseptiques usités par les fraudeurs sont : le *sel de conserve*, composé de borax et un peu de sel marin (le borax est souvent *plombique*).

La *poudre conservatrice*, mélange de borax et d'acide borique (proportions inconnues) ;

L'*acide salicylique* ;

Le formol ;

L'*orysol*, à base de sulfite de soude cristallisé ;

Le *sel Montégut*, mélange de chlorure de sodium et d'azotate de potasse ;

Le *sel de nitre pur* ;

L'emploi de tous les antiseptiques doit être sévèrement réprimé ; parce qu'ils n'empêchent pas toujours l'altération de la viande, en sorte que cet aliment, quand il a subi un commencement de putréfaction, est doublement dangereux. (Pour plus amples détails à ce sujet, voir le *Traité des Fraudes dans l'Armée* (RAYNAL), édité par LAVAUZELLE.)

Fraudes sur certains organes de l'appareil digestif. — Beaucoup de corps distribuent aux soldats, comme repas variés, des *tripes* ou *gras-double*. Le fraudeur remplace le gras-double fait avec les estomacs du *bœuf*, par celui préparé avec des estomacs de mouton ou de veau, qui est plus *maigre, plus fibreux, sec* et de digestion difficile. « *Il ne tient pas au corps comme celui du bœuf* » disent les bouchers dans leur langage trivial.

Le gras-double provenant des estomacs de bœuf vaut de 0 fr. 80 à 1 fr. 50 le kilogramme ; celui obtenu par la préparation des estomacs du mouton est estimé 0 fr. 10 (par mouton).

La fraude n'est pas nuisible à la santé ; mais le consommateur est trompé sur la qualité et la valeur nutritive de l'aliment.

Fraudes par les aliments très engraissants qui donnent à la viande une odeur désagréable. — Parmi les aliments engraissants donnant une mauvaise odeur et un goût désagréable à la viande, nous citerons :

1° Le *fenugrec* (légumineuse papilionacée).

2° Les *tourteaux rances*.

La « *rédhibition existe jusqu'à la mise au pot* » (Dr PAGÈS) ; par conséquent, le fournisseur doit *remplacer à ses frais*, les viandes à goût et à odeur désagréables.

Fraudes portant sur les organes isolés et sur les morceaux débités. — On vend de la *langue de cheval* en place de *langue de bœuf*.

La langue de bœuf est recouverte *de papilles* qui la rendent rugueuse ; sa forme est régulièrement *pyramidale*. Celle du cheval est *lisse* et se termine en *spatule*.

On donne souvent du *tende* de *tranche* pour *rumsteck*.

Le tende de tranche vaut par exemple 1 fr. 10 la livre, le rumsteck 1 fr. 90.

Viande de cheval comme viande de bœuf. — Chaque fois que le boucher vend de la viande de cheval en place de bœuf il fraude, s'il oublie d'en prévenir l'acheteur.

A la cuisson, la plupart des cuisinières savent distinguer le cheval du bœuf, parce que le premier donne une quantité *considérable de sérum.*

(Voir à la 4e conférence les principaux caractères différentiels de la viande de bœuf et de la viande de cheval).

Ne pas oublier que la graisse du cheval est très riche en *oléine,* ce qui lui donne une sensation *huileuse* ; elle *fond* entre les doigts, même lorsque la température extérieure est froide.

Chez certains chevaux jeunes et bien soignés, la couleur de la graisse, au lieu d'être franchement *jaune,* est *blanche.*

Fraude sur la qualité. — Le vendeur fraude toutes les fois qu'il donne sciemment de la viande de deuxième qualité quand on lui demande de la première.

Fraude sur le sexe. — Il y a fraude quand le vendeur donne de la vache pour du bœuf et du taureau pour du bœuf.

Chèvre à la place de mouton. — Pour supprimer cette fraude qui se pratique très souvent, il suffit d'insérer dans le cahier des charges que *les moutons doivent toujours être présentés avec les pieds adhérents aux membres.* Bien entendu, après l'inspection et la réception le fournisseur pourra les reprendre.

Chien au lieu de mouton. — Des fournisseurs peu

scrupuleux n'hésitent pas à remplacer le mouton par du chien.

Il y a quelques années, un boucher de Clichy a été pris et condamné pour ce fait.

Voici un tableau résumant les principaux caractères qui permettent de différencier le chien du mouton ; ce tableau est extrait de la *Brochure sur les Fraudes* (RAYNAL, édité par LAVAUZELLE).

	CHIEN	MOUTON
1° Cartilage de prolongement du scapulum. . . .	Absent.	Existe chez le mouton.
2° Péroné	Existe chez le chien.	Absent chez le mouton.
3° Aspect des surfaces articulaires .	Les surfaces articulaires de la 2ᵉ rangée des os du carpe et de la 3ᵉ rangée des os du tarse ont des fossettes.	Ces surfaces sont planes ou légèrement ondulées.
4° Développement du ligament cervical.	Invisible. Est formé d'un simple cordon.	La section du cou fait voir un beau ligament cervical.
5° Conformation de l'appendice caudal.	Queue cylindrique.	Queue elliptique, aplatie dans le sens horizontal.
6° Graisse. . . .	Blanche et onctueuse, riche en oléine.	Blanche et ferme.

Chat et lapin. — La tête étant supprimée la queue, quand elle existe en partie ou en totalité, permet de distinguer le lapin du chat. Celle du lapin est aplatie de dessus en dessous et s'amincit très vite ; tandis que celle du chat est arrondie et uniformément grosse dans une partie de son étendue.

C) — FRAUDES QUI SE PRATIQUENT SUR LES PRODUITS MANIPULÉS DE LA CHARCUTERIE

On donne comme repas variés : 1° le *boudin* ; 2° la *saucisse* ; 3° le *saucisson* et le pâté de cochon encore appelé *fromage d'Italie*.

En général, tous les produits manipulés de la charcuterie s'altèrent très facilement, parce qu'ils sont fabriqués au milieu des poussières que la vaisselle dans laquelle ils séjournent est souvent infectée, et qu'enfin ils sont exposés aux souillures des mouches. En principe, il faut se méfier de tout produit qui est *mou* et *bosselé* (saucisson), car il est en voie d'*altération* ou *altéré* et, comme tel, *toxique*.

Boudin. — Le *boudin* doit être fait avec du sang et de la graisse de porc auxquels on ajoute des oignons cuits, du poivre et du sel en quantité suffisante. Ainsi est fabriqué le boudin de ménage.

Les fraudeurs, au lieu d'employer du sang de porc riche en fibrine, emploient du sang de bœuf qui rend ce produit *sec*. La graisse de porc est remplacée par la graisse de cheval, du pancréas (fagoue), de la rate et la mamelle de vache. La proportion d'oignons doit être du tiers ; les fraudeurs en mettent le plus possible.

Dès que le boudin est en voie d'avarie, sa surface ruisselle d'humidité ; il répand alors une odeur très pénétrante et devient, dans cet état, très dangereux pour le consommateur.

Pour examiner la composition du boudin et rechercher la fraude, il faut le fendre dans le sens de la longueur.

Saucisse. — La vraie *saucisse* doit être préparée avec de la viande de porc finement hachée, dans la proportion de deux tiers de viande maigre pour un tiers de gras. On doit se servir de préférence d'un *menu* (boyau) de porc. Dans beaucoup de villes, en raison de la cherté de la viande de porc, on fabrique la saucisse avec moitié viande de porc et moitié viande de bœuf en utilisant les bas morceaux (basse boucherie). Mais quand la saucisse est ainsi fabriquée, le charcutier doit le dire, sans quoi il fraude.

La *saucisse à soldat* est longue; elle se fait avec un menu de mouton; on utilise :

1º Les raclures, épluchures, déchets et débris de viande de boucherie : ces détritus sont plus ou moins avariés ;

2º De la viande de cheval ;

3º De la viande de vaches dites *charcutières*, très maigres, épuisées pas la lactation ,

4º De la viande de veaux mort-nés ;

5º Du biscuit de soldat, de la mie de pain, de la fécule, amidon et farine, le tout fortement assaisonné de condiments bon marché, ail et moutarde.

Par sa composition, cette saucisse est déjà fort dangereuse. On la rend encore plus *nocive* en y ajoutant des colorants, dont la plupart contiennent : acide arsénieux (sulfite), teinture de cochenille, aniline.

Quand les fraudeurs emploient la viande de bœuf, ils la travaillent pantelante ; ils arrivent ainsi à lui faire absorber 40 à 60 p. 100 d'eau. La saucisse ainsi fabriquée manque de qualités nutritives ; en outre, elle est exposée à s'altérer très rapidement à cause de sa grande teneur en eau plus ou moins propre.

Saucisson. — Pendant les marches, les soldats consomment comme repas froid, du saucisson.

Le saucisson devrait être exclusivement fabriqué avec de la viande de porc ; mais en fait, il est surtout composé de viande de vaches charcutières (très maigres) du cheval, de la fécule d'amidon, etc.

Au conseil général de la Seine, séance du 30 mars 1906, M. Barrier d'Alfort a signalé l'emploi de la viande de chevaux morts naturellement dans la fabrication du saucisson ; mais tous les vieux inspecteurs de Paris déclarent que cette fraude, si elle existe encore, doit être très rare. Le saucisson fabriqué avec de la viande de cheval et de vieille vache présente à la coupe un aspect foncé, terne. Il noircit très vite au contact de l'air ; la graisse a l'aspect jaune ; l'odeur qui s'en dégage est celle du condiment, dominante du mélange.

Ce saucisson est difficile à couper et la section n'est jamais bien nette, parce que les denrées qu'on y a entonnées sont élastiques et insuffisamment pressées.

Altérations du saucisson. — Le saucisson bon marché destiné à l'alimentation du soldat, fait avec des substances très douteuses sous tous les rapports, est susceptible de s'altérer très rapidement, malgré la quantité d'antiseptiques et condiments qu'il contient. S'il n'est pas vendu rapidement, comme il traîne dans des paniers et voitures exposés à toutes les influences atmosphériques il prend une teinte *brunâtre*, suinte et dégage une odeur des plus désagréables. Pour cacher ce degré d'altération,

le fraudeur fait tremper le saucisson dans une solution
de sulfite et le recouvre ensuite d'une deuxième enve-
loppe.

Malgré ces soins, l'avarie continue ses ravages; le
saucisson devient *mou* et ne tarde pas à se *bosseler*. Si
on pratique alors une coupe, on constate qu'elle a une
teinte gris plombé; l'odeur qui s'en dégage est fortement butyrique. Le produit est dans cet état la proie du
bacterium coli et du *bacillus botulinus*, l'un et l'autre
extrêmement dangereux pour le consommateur.

Il faut aussi éliminer de la consommation le saucisson *rance*.

Pâté ou fromage d'Italie. — On peut dire que ce pâté
est aussi fabriqué spécialement pour les militaires;
c'est dans les cantines que les soldats le consomment.
Il se compose de foies de bœuf, de cheval, de poumons,
de rate, de cervelle de mouton, le tout recouvert de
gélatine artificielle. La plupart des organes contenus
dans ce produit manipulé — foies et poumons — sont
porteurs d'échinocoques et d'abcès tuberculeux. « Pour
ne rien perdre, dit le Dr VERNOIS, certains marchands
soumettent à l'ébullition tous les déchets de viande crue
ou cuite, quelquefois en fermentation, hachent tous ces
débris, les assaisonnent fortement et font des conserves,
des saucissons ou des *pâtés* à *très bas prix*. Ils y font
même entrer parfois les utérus purulents de vaches
mortes après le part. »

Les soldats, en le consommant, peuvent contracter le
ténia et la tuberculose; car ces pâtés sont livrés à la consommation après une cuisson plutôt légère.

Saindoux (Axonge). — (Graisse de porc). — Dans

toutes les préparations culinaires usitées pour le soldat, le *saindoux* remplace le *beurre* ; ce produit est très souvent *falsifié*. Le *vrai saindox* est fait avec de la *panne de porc*; on lui donne encore le nom d'*axonge*; la margarine et l'oléine entrent dans sa composition.

Le saindoux résultant de la fusion de la panne doit être parfaitement blanc, de saveur douce, plutôt inodore et de consistance ferme.

Le saindoux que présentent les fournisseurs, dit *saindoux d'Amérique*, est fabriqué surtout avec du *lard fondu*; il est moins blanc et moins savoureux.

Qu'il soit d'origine française ou américaine le saindoux doit avoir : « une réaction neutre et être sans action sur le papier tournesol. » (F. ROTHÉA, *Fraudes alimentaires*).

Falsifications. — La falsification la plus banale consiste à incorporer le plus d'eau possible dans le saindoux ; quand il est ainsi falsifié, le saindoux n'a pas le joli aspect blanc neigeux dont nous avons parlé; il est moins onctueux.

On découvre la fraude en mettant le saindoux dans un tube à essai, qu'on laisse fondre au bain-marie; s'il y a de l'eau, une fois la graisse fondue, elle reste à la partie inférieure du tube.

Pour incorporer une forte proportion d'eau dans la graisse on fait usage des sels minéraux : carbonate de chaux, alun et borax.

On mélange au saindoux du suif de veau, de mouton et de bœuf, graisse de rognon.

En général, on vous présente le saindoux en un bloc carré ou cylindrique pesant 20 ou 40 kilogrammes; pour vous rendre compte de l'homogénéité, il faut fendre le bloc dans toute sa hauteur et rabattre les morceaux : vous verrez ainsi si la teinte est uniformément blanche.

Si le saindoux est mélangé à d'autres graisses, vous constaterez que la teinte sera grisâtre, verdâtre ou jaunâtre par places.

Pour nous rendre compte de sa qualité de son goût et de son odeur, nous faisons griller un morceau de pain que nous tartinons avec du saindoux dès qu'il est retiré du feu (encore chaud) ; si le saindoux est naturel, le morceau de pain ainsi tartiné est légèrement salé, a une odeur et une saveur très agréables

Les Américains mettent dans leur saindoux 2/3 de lard, et aussi de l'huile de coton.

Pour dépister certaines fraudes, l'analyse est absolument indispensable ; elle est toujours précédée d'un examen au microscope.

N'oubliez pas que la graisse est d'autant plus assimilable que son point de fusion est moins élevé.

Les instructions ministérielles prescrivent que l'acidité de l'axonge ou saindoux destiné à la consommation du soldat ne doit pas dépasser un pour cent *en acide oléique*.

Circulaire relative au contrôle des denrées destinées à l'alimentation des marins et à la répression des fraudes en matière d'alimentation.

EXTRAIT

a) Constatation des fraudes en matière de viande.

Quand il s'agit de viande jugée corrompue ou en état

de putréfaction, aucun prélèvement ne peut être utile
ment opéré, vu la nature de la denrée. Mais il est à
remarquer que, d'après la jurisprudence, la procédure
spéciale de prélèvement de denrées, telle qu'elle a été
établie par le décret du 31 juillet 1906, rendu en application de la loi du 1er août 1905, n'est pas exigible à
peine de nullité dans tous les cas. C'est ainsi que le
Tribunal de la Seine a admis que toutes les fois que la
fraude est certaine, c'est-à-dire qu'il y a délit certain
constaté par un procès-verbal de flagrant délit, il n'est
pas nécessaire qu'il y ait prélèvement de denrées dans
les conditions étroitement précisées par le décret du
31 juillet 1906. Cette doctrine a été conservée par un
arrêté de la cour de cassation.

Cependant, pour que le flagrant délit soit utilement
constaté et puisse servir de base à des poursuites judi-
ciaires, il faut que le procès-verbal qui le constate fasse
au moins foi, jusqu'à preuve du contraire, c'est-à-dire
émane d'un officier de police judiciaire.

Il importe donc que les officiers qui constatent que la
viande livrée est *avariée* ou *corrompue* fassent appel,
pour dresser un procès-verbal de constatation, à un officier, fonctionnaire ou agent qualifié.

Dans les ports militaires, on s'adressera à un officier
ou à un sous-officier de gendarmerie maritime. Pour
donner plus de force au procès-verbal, celui-ci devra
être fait autant que possible en présence d'un vétérinaire ou, à défaut d'un médecin ou d'un manutention-
naire.

Le fournisseur ou son représentant accrédité sera
appelé dans tous les cas à assister aux constatations.
Le procès-verbal fera mention de sa présence ou, s'il
est absent, de la convocation qui lui aura été dûment

adressée. Le procès-verbal sera ensuite envoyé au pro-
cureur de la République avec une plainte émanant du
commandant ou du chef de service.

Le sous-secrétaire d'État de la Marine.

HUITIÈME CONFÉRENCE

VIANDES REFROIDIES ET CONGELÉES

Nous diviserons cette conférence en quatre parties bien distinctes :

1° Situation de la France au point de vue des usines frigorifiques par rapport aux autres puissances et plus particulièrement par rapport à l'Allemagne ;

2° Etude sommaire et critique des divers modes de ravitaillement en viandes employées actuellement ;

3° Emploi des viandes refroidies de — 2° à + 3° et de viandes congelées de — 5° à — 28° (à cœur) ;

4° Moyens à employer pour aboutir le plus vite possible.

Avant de commencer cette très importante conférence, toute d'actualité, j'adresse un très respectueux hommage au Père du Froid « Charles Tellier » qui en fut le précurseur, l'inventeur et l'initiateur.

En effet, dès 1863, ce savant Français préconise le *froid sec* pour la conservation de la viande et les immenses avantages qu'on peut retirer de son emploi. Si, actuellement, à cause de notre esprit routinier, nous sommes obligés de reconnaître que tous les perfectionnements nous viennent de l'étranger (Amérique et Australie), il faut crier très haut que l'invention est bien *française,* comme tant d'autres qui nous sont revenues avec l'estampille à l'étranger. Dans quelques années lorsque, enfin, à l'exemple des autres contrées, nous aurons pris l'habitude d'employer le froid sec d'une manière courante pour conserver toutes les manières *périssables,* nous serons tout étonnés de n'en avoir pas fait usage plus tôt et nous rendrons alors un éclatant hommage au génie de notre compatriote.

Si l'on peut nous objecter que la question n'était pas assez mûre, il y a quelques dix ans et qu'il était téméraire de se lancer dans cette voie nouvelle, aujourd'hui l'excuse est sans valeur ; cette industrie a atteint un tel degré de perfectionnement qu'on peut escompter d'avance en retirer toutes sortes de profits en l'utilisant. Secouons donc notre insouciante inertie et rattrapons au plus vite le temps perdu ; car, il faut bien l'avouer, nous sommes réellement en retard à l'heure actuelle.

Depuis 1890, je lutte par la plume et par la parole en faveur de cette importante question, et je suis de plus en plus convaincu que le soldat y trouvera, au point de vue de l'hygiène alimentaire, des avantages de salubrité que ne peuvent lui donner les autres modes d'alimentation par la viande, utilisés jusqu'à ce jour. Ensuite l'état-major en retirera de précieux avantages au double point de vue de la *facilité* et de la *rapidité* de la mobilisation ; il se réjouira alors de l'avoir adopté ;

enfin, le budget y trouvera très largement son compte, lui aussi.

En France, la situation peut se résumer en quelques mots.

a) *Au point de vue militaire*. — Nous avons depuis l'année dernière quatre usines frigorifiques qui sont, par ordre d'ancienneté : Verdun, Toul, Epinal et Belfort, à peine suffisantes pour ravitailler ces places en cas de siège. Chaque usine peut conserver 250 quintaux métriques de viande.

b) *Au point de vue civil*. — Nous sommes au moins aussi pauvres. Parlons pour mémoire de l'usine frigorifique de la Villette qui sert à fabriquer de la glace et à conserver des fromages. L'initiative de l'industrie privée n'a pas pu aboutir ; une Société qui avait créé une usine en plein cœur de Paris, dans le sous-sol de la Bourse du Commerce, a fait faillite. Comme vous pouvez en juger, les bouchers de la ville Lumière sont réfractaires du progrès ; cette usine avait été installée à leur intention.

1° SITUATION DE LA FRANCE

Une fabrique de charcuterie d'Aubervilliers possède un frigorifique qui fonctionne bien. Chose curieuse à signaler en France, comme le fait judicieusement remarquer notre confrère le Dʳ MOREAU, ce sont les petites villes qui donnent le bon exemple en réalisant pour leurs abattoirs tout le confort de l'hygiène moderne. En effet, plusieurs des abattoirs construits dans ces dernières années possèdent leur usine frigorifique avec ou sans fabrication de la glace en même temps. Les villes dans lesquelles on peut utiliser le froid sont, par ordre d'ancienneté, Chambéry, Dijon, Couderkerque-Branche, Soissons, Grenoble, Comines (nord) ; Thaon (Vosges) ; Saint-Chamond (Loire) ; Annemasse et Evian (Savoie) ; Oullens (Rhône) ; Marseille, frigorifique des charcutiers (nous oublions quelques autres petites villes qui en possèdent).

En résumé, actuellement, avec nos quatre usines militaires et les quelques abattoirs possédant des usines frigorifiques, nous ne pouvons fournir journellement qu'un nombre très restreint de *frigories*, par rapport à celui des contrées où cette industrie est très en faveur.

Examinons maintenant la situation de quelques puissances étrangères :

En Europe, c'est l'Angleterre qui tient le record. On est bien loin en France de se douter de la quantité de viandes *refroidies* et *congelées* que consomme cette puissance ; ces viandes lui sont expédiées par l'Australie et par les Etats-Unis. Celle provenant des Etats-Unis est « chilled » refroidie ; au contraire, la République Argentine fournit de la viande « frozen » congelée. Mais tandis qu'en France, il y a un droit de douane de 0,446 par kilogramme de viande refroidie et congelée, l'Angleterre ne paye que 0,008 par kilogramme ? Cette dernière puissance paye 0 fr. 90 le kilogramme la viande importée ; nous payons celle produite chez nous 1 fr. 50 le kilogramme en moyenne. La viande congelée vaut environ cinq centimes de moins que la viande refroidie. Depuis 1905, ces demandes en viandes refroidies sont beaucoup plus élevées que celles en viande congelée.

Nous protégeons peut-être un peu trop notre bétail. En France, cette protection outrée a le double inconvénient de rendre la viande très chère, et de décimer nos troupeaux en abattant du bétail trop jeune pour répondre à la consommation indigène. La cherté vient aussi de l'exportation toujours plus importante que nous faisons de notre bétail, très réputé.

L'Angleterre a de vastes magasins d'*entreposage* avec des chambres froides où la viande est maintenue à plus de 3° jusqu'au moment de la vente. Ainsi, la ville de Londres possède actuellement près de 40 dépôts qui peuvent contenir plus de 3 millions de moutons; à Southampton, un seul dépôt loge deux millions de kilogrammes de viande.

Pour mieux frapper votre esprit, je vais placer sous vos yeux un tableau extrait d'un rapport de 1908, fait par M. Wedel de Londres (Industrie frigorifique).

Viandes réfrigérées.	Bœufs.	États-Unis	80.200 tonnes.
		Canada	1.010 —
		Républ. Argentine	70.974 —
			152.184 tonnes.
	Moutons.	États-Unis	217. tonnes.
Congelées.	Bœufs.	Australie	75.800 quartiers.
		Nouvelle-Zélande	179.002 —
		Amérique du Sud	1.533.357 —
			1.788.159 quartiers.
	Moutons.	Australie	625.067 moutons.
		Nouvelle-Zélande	1.690.407 —
		Amérique du Sud	3.263.086 —
			5.578.560 moutons.
	Agneau.	Australie	1.206.179 agneaux.
		Nouvelle-Zélande	2.543.751 —
		Amérique du Sud	322.928 —
			4.072.858 agneaux.

Comme vous pouvez en juger, l'Angleterre consomme des quantités prodigieuses de viandes refroidies et

10.

congelées ; j'ajoute que depuis 1906, la quantité a considérablement augmenté ; maintenant il en vient aussi beaucoup en France.

En présence du succès qu'a la viande refroidie en Angleterre, l'Australie a eu l'idée de lui expédier ses lapins : l'année dernière les Anglais ont consommé 1.440.000 lapins congelés placés dans des caisses (24 lapins par caisse).

Les Chinois eux-mêmes se mettent de la partie et très probablement sous peu, ils vont expédier en Angleterre (départ de Shangaï) des porcs congelés.

Les États-Unis, l'Australie et la Répnblique Argentine exportaient pour plus de trois millions de viande, qui est presque toute consommée en Angleterre. Vous ne serez donc pas étonnés, Messieurs, d'apprendre que la consommation moyenne par habitant en Angleterre est 62 kilogrammes de viande environ par an, tandis qu'en France, elle n'est que de 12.

Aussi l'Angleterre qui nourrit ses soldats exclusivement *ou presque* avec de la viande refroidie ou congelée, réalise d'énormes bénéfices sur l'indemnité de la viande par rapport aux prix que payent les autres puissances.

Allemagne. — D'après le journal technique, *L'Industrie frigorifique*, l'Allemagne possède environ 300 à 400 usines frigorifiques industrielles disséminées un peu partout dans ce pays. Lors de ma conférence faite en 1905, on m'avait affirmé que l'Allemagne possédait dix grandes usines absolument militaires ; depuis cette époque je n'ai pu, malgré mes recherches, obtenir des renseignements nouveaux ; voici ce que m'écrit un très distingué vétérinaire militaire d'une puissance voisine : « L'Allemagne est apte en cas de guerre à nourrir

presque toute son armée en viande refroidie et congelée, parce qu'elle possède de très vastes usines frigorifiques et un très grand nombre d'abattoirs civils pour-
vus d'installations frigorifiques : la ration serait de
500 grammes par jour ». Les autres renseignements
qu'il me donne sont tirés du livre du vétérinaire allemand SCHWARZ, dont la troisième édition a paru en 1903
et que connaissent bien tous les individus très documentés.

En 1903, SCHWARTZ évaluait déjà à un tiers la proportion des abattoirs publics allemands possédant de ces
installations. Il en comptait 45 dans les villes de moins
de 10.000 habitants et donnait la statistique suivante :

	Nombre d'abattoirs.	Nombre d'abattoirs dotés de chambres froides.	Pour cent.
Prusse	422	191	45,2
Bavière.	106	24	22,6
Saxe	31	23	73,2
Wurtemberg . . .	67	10	15
Bade.	66	8	12,1
Hesse. . . . , ...	20	2	10
Petits États. . . . ,	43	21	48,8
Pays d'Empire . .	84	2	2.3
Totaux	839	281	33,5

En se rapportant au livre de SCHWARTZ (Bau, Einrichtung, und Betriele öffentlichter Schlachthofe, 3e édition,
1903, p. 394 à 406), on pourra se rendre compte de
l'importance et du siège des groupes producteurs du
froid, établis en Allemagne par les diverses maisons
spécialisées dans cette remarquable industrie.

Pour 130 abattoirs publics allemands, dont la puissance frigorifique est donnée par SCHWARTZ, on obtient
en totalisant le nombre des frigories à l'heure, le chiffre
d'environ 12 millions. Si l'on veut se rappeler que

depuis cette époque, un grand nombre d'abattoirs
anciens ont été l'objet d'extension et ont eu leurs
chambres froides agrandies, et qu'une centaine d'abattoirs nouveaux, presque tous dotés de frigorifiques,
ont été créés, on peut sans craindre de faire de grandes
erreurs, prétendre que la puissance des multiples
groupes producteurs du froid des seuls abattoirs
allemands atteint 18 à 20 millions de frigories à l'heure.
Dans quelques abattoirs, les installations frigorifiques
ont une importance considérable : voici d'ailleurs quelques chiffres relevés par Schwartz :

Schwartz. — *Bau, Einrichtung und Betrieb öffentlicher
Schlacht-und Viehhöfe*, 3e édit. 1903. Pages 394 à 406.

CAPACITÉ DE LA SALLE FROIDE ET PUISSANCE EN FRIGORIES
DES FRIGORIFIQUES DANS 134 ABATTOIRS ALLEMANDS.

	Mètres carrés de salle froide.	Frigories heure.
Cologne	4.450	800.000
Berlin	2.578	650.000
Francfort-sur le-Mein	5.000	500.000
Munich	3.400	480.000
Düsseldorf	2.720	465.000
Elberfeld	2.060	400.000
Essen	950	375.000
Mannhein	865	300.000
Magdebourg	2.554	240.000
Chemnitz	1.524	224.000
Breslau	2.107	220.000
Mayence	1.340	220.000
Nuremberg	900	210.000
Halle	778	200.000
Dresde	1.940	200.000
Augsbourg	712	180.000
Strasbourg	1.400	162.000
Pforzheim	370	160.000
Bonn	535	160.000
Crefeld	1.000	160.000
Kiel	861	160.000

	Mètres carrés de salle froide.	Frigories heure.
Brême.	816	144.000
Aix-la-Chapelle	845	
Plouen	1.239	140.000
Barmen.	472	136.000
Mülheim	500	130.000
Brunswick.	750	130.000
Dortmund	780	125.000
Görlitz.	783	123.000
Darmstadt.	703	120.000
Hagen.	240	120.000
Posen	554	120.000
Solingen.	450	120.000
Göttingue	620	120.000
Duisburg (Nouveau)	239	120.000
Remscheid.	167	110.000
Coblence.	450	100.000
Dessau	459	95.000
Guben.	550	95.000
Königshütte.	385	94.000
M. Gladbach.	400	90.000
Gera.	880	90.000
Regensburg	400	86.000
Witten	380	80.000
Heielberg	360	80.000
Düren.	275	75.000
Cassel.	380	71.000
Gleiwitz	300	72.000
Thorn.	385	72.000
Carlsruhe	660	70.000
Francfort-sur-Oder.	403	63.875
Recklinghausen	140	60.000
Burg	121	58.000
Tilsit	382	57.482
Liegnitz.	393	57.000
Nordhausen	336	56.160
Viersen	140	56.000
Stolp	254	55.000
Straubing	554	55.000
Völklingen.	143	55.000
Beuthen.	400	50.000
Fribourg (en Br.).	400	50.000
Kalk	160	50.000
Kattowitz	450	50.000

	Mètres carrés de salle froide.	Frigories heure.
Potsdam.	445	50.000
Hombourg v. d. H.	130	48.000
Marbourg	140	45.000
Spire	220	45.000
Lahr.	156	45.000
Landeberg.	240	42.000
Kreuznach.	170	42.000
Bocholt	141	40.000
Flensburg.	346	40.000
Grimma.	153	40.000
Hof (Bav.).	400	40.000
Naumbourg	177	40.000
Wesel.	180	40.000
Trèves.	279	40.000
Höchst	180	40.000
Deux-Ponts	153	40.000
Quedelinburg	200	38.500
Landau.	186	36.000
Meiningen.	149	36.000
Noderney	150	36.000
Tarnowitz.	196	36.000
Paderborn.	220	36.000
Sulzbach.	148	35.000
Göppingen.	240	35.000
Freiberg.	238	35.000
Erfurt	848	35.000
Gotha.	309	35.000
Graudenz	232	33.600
Linden-Dahlhausen	113	33.000
Stargard.	180	32.000
Eberswalde	174	30.000
Neusalz (a. O.).	169	29.700
Unna	156	28.000
Nienburg	86	28.000
Apolda	160	28.000
Hanau.	205	28.000
Cöslin.	175	28.000
Lünen.	70	28.000
Sorau.	193	27.000
Siegburg	125	25.000
Saarlouis	80	25.000
Gummerbach	100	25.000
Meissen	480	25.000

	Mètres carrés de salle froide.	Frigories heure.
Cochem	80	25.000
B. Gladbach	90	25.000
Elbing	(x)	24.000
Schweidnitz	173	22.700
Luneburg	200	22.000
Neugersdorf	110	22.000
Detmold	83	21.000
Cannstadt	252	21.000
Arnstadt	108	21.000
Ettlingen	160	21.000
Essling	234	20.000
Gmünd	234	20.000
Gnessen	234	20.000
Siegen	125	20.000
Strasburg (W. Pr.)	80	18.000
Lissa	135	18.000
Finsterwalde	100	17.500
Rathenovv	(x)	17.500
Schwetz	71	17.500
Custrin	123	15.500
Hameln	130	15.000
Neheim	75	15.000
Stralsund	440	15.000
Neubrandenburg	250	13.000
Rügenwalde	45	12.500
Pyritz	100	11.600
Sommerfeld	90	11.160
Tangermünde	46	10.000

Pour beaucoup d'autres frigorifiques d'abattoirs allemands ces indications manquent.

J'avais bien raison de dire en 1905 que l'Allemagne nous avait devancés et qu'elle faisait de grands progrès tous les jours. Tous ces chiffres se passent de commentaires ; mais ils me permettent de dire que les progrès réalisés par nous jusqu'à ce jour sont piteux et ne nous honorent pas.

L'Allemagne a abandonné la viande de conserve parce qu'elle était moins nutritive que la viande fraîche, et que le prix de revient en était excessivement élevé. Les troupes allemandes consomment régulièrement des viandes refroidies et congelées (celles qui sont arrivées au terme de conservation).

En outre, il paraît qu'en cas de mobilisation, elles recevront par mer de grandes quantités de viandes congelées provenant de l'Australie. A cet effet, l'Allemagne va disposer dans ses grands ports de mer, si elle ne l'a déjà fait, de vastes entrepôts munis de chambres froides.

En 1909, 18 autres villes ont voté les fonds nécessaires pour la construction d'usines frigorifiques.

Suisse. — Bien que cette puissance n'ait rien à craindre au point de vue d'un conflit, l'industrie frigorifique y est aussi très en faveur et en grands progrès. Les principaux abattoirs munis d'installations frigorifiques complètes sont ceux de Zurich, Bâle, la Chaux-de-Fonds, Genève, Lausanne, Saint-Gall, Lucerne, Le Col-des-Roches (Locle), Raygerne, Saint-Juver, Rorschach, etc.

Russie. — Enfin, Messieurs, la Russie s'agite aussi pour avoir ses usines frigorifiques. Dans cette puissance, l'Etat, pour encourager l'industrie privée à édifier des usines, autorise l'entrée en *franchise de douane* des machines frigorifiques jusqu'à ce que son industrie puisse les fabriquer elle-même. En outre, elle institue des concours pour la construction des wagons servant au transport des denrées périssables. La Russie a le plus grand intérêt à posséder des usines frigorifiques pour utiliser très avantageusement le bétail qu'elle produit.

2° ÉTUDE SOMMAIRE ET CRITIQUE
DES DIVERS MODES DE RAVITAILLEMENT EN VIANDE
EMPLOYÉS ACTUELLEMENT

1° Viande fraîche (troupeaux).
2° Viande de conserve (bœuf).
3° Viande de conserve (porc).
4° Viande demi-salée (bœuf).

1° Viandes fraîches (troupeaux). — La viande fraîche en campagne sera fournie par des troupeaux parqués en différents points, plus ou moins éloignés des troupes en action.

a) Troupeaux de ravitaillement.

b) Entrepôt du bétail de station.

c) Parc de groupement pour le ravitaillement de l'entrepôt-magasin. Ces divers parcs nécessitent un effectif de deux cents hommes par corps d'armée, et environ une centaine d'officiers. Examinons très brièvement quelle sera la *qualité* et la *salubrité* de la viande abattue pendant les hostilités.

a) Au début, la viande sera de bonne qualité ; mais plus tard, en raison de l'encombrement des routes, de la difficulté des transports, des privations d'aliments et des boissons, des influences atmosphériques (froid, fortes chaleurs, pluie) et de longues marches, les troupeaux arrivent dans leurs cantonnements fatigués et presque toujours *surmenés*. Dans ces conditions, nos soldats consommeraient une viande de qualité *inférieure*, de salubrité *douteuse* ; les animaux surmenés donnent toujours une viande malsaine (leucomaïnes).

2° Viandes de conserve (bœuf). — Certes, les viandes

de *conserve*, malgré leurs défauts, ont rendu des services ; je dirai même que depuis qu'enfin on a eu l'idée de les assaisonner avec poivre, sel et clou de girofle, elles sont plus appétissantes ; néanmoins c'est un aliment qui a fait son temps ; ne le regrettons pas ; car nous avons mieux aujourd'hui.

En campagne, la viande de conserve doit être distribuée dans la proportion du tiers ; mais il convient d'ajouter que dans bien des circonstances impossibles à prévoir, des places fortes et des divisions entières en seront réduites à consommer exclusivement cette denrée peu appréciée en général [1].

Le soldat allemand au contraire consomme depuis longtemps de la viande *refroidie* et de la viande *congelée*. Nos voisins de l'Est ont abandonné celle de conserve (le plus possible), parce que sa valeur nutritive est inférieure à celle de la viande *fraîche*. Or, les viandes refroidies et congelées (Gautier) possèdent les mêmes caractères physiques et chimiques que la viande fraîche ; de plus, la *maturation* qu'elles subissent les attendrit et les rend plus faciles à digérer. Disons pourtant qu'en dépit de tous les soins et de toute la vigilance apportés à la fabrication, il se produit encore certains accidents capables de devenir ultérieurement des *causes d'avarie*. Combien de ptomaïnes et leucomaïnes ont échappé à la destruction, malgré la stérilisation la plus parfaite [2]. Combien de boîtes avariées ont été ressoudées après échappement des gaz. Combien d'autres sont dangereuses par l'excès de plomb provenant des soudures de

---

[1] Le soldat la qualifie de « Singe ».

[2] Les leucomaïnes se trouvent pendant la vie dans les tissus des animaux fatigués et surmenés, ce qui les distingue des ptomaïnes qui n'y prennent naissance, qu'après la mort.

l'étamage, du cuivre, ou par l'addition de produits antiseptiques.

Si, maintenant, vous avez compris que les viandes de
conserve sont trop souvent nuisibles à la santé du soldat,
il me reste à vous prouver que, au point de vue finan-
cier, le résultat est loin d'être favorable : le simple
tableau ci-dessus va vous édifier.

PRIX DE LA VIANDE DE CONSERVE (DÉSOSSÉE) PAR 100 KILOS

245 à 260 francs en.		1903
239 à 250 — —.		1904
228 à 245 — —.		1905
195 à 210 — (baisse du bétail due à la séche-		
	resse) en.	1906
215 à 230 — en.		1907
263 à 285 — —.		—
343 à 363 — (boîtes de 1 kilogramme) en. . .	1908	
365 à 397,50 — (boîtes de 0^{kg},250) en.		—
335 à 359 (boîtes de 2 kilogrammes) en.		—
340 à 360 (boîtes de 300 grammes) en.		—

En 1909-1910 20.200.000 kilogrammes en boîtes de 0^{kg},300 à
3^{fr},55 le kilogramme *en moyenne* et 1.141.400 boîtes de 2 kilogrammes à 3^{fr},50 le kilogramme.

3° **Viande de conserve de porc.** — Depuis deux ans,
le service de l'Intendance fait préparer des conserves
avec de la viande de porc. Nous avons eu l'occasion de
goûter cette préparation que nous avons trouvée excel-
lente ; elle est certainement plus nutritive que celle
du bœuf ; les soldats lui feront meilleur accueil. Cependant ces conserves sont exposées, relativement à la
fabrication et à la conservation, aux mêmes dangers
que la viande de bœuf. En été, par les fortes chaleurs,
les hommes ne la mangeraient pas avec le même
plaisir ; un autre inconvénient grave, c'est qu'elle
coûte aussi très cher. En 1900-1910, il a été adjugé

100.000 kilogrammes (boîtes de deux kilogrammes) au prix moyen de 310 francs les 100 kilos.

Les fabricants avaient, d'après le cahier des charges la faculté de fournir 40 p. 100 de lard dont le prix était la moitié de celui des conserves de porc.

4º Viande demi-salée. — L'année dernière on a fait des essais de conservation de viande en utilisant le sel uni à divers autres antiseptiques ; les expériences ont donné, paraît-il, les meilleurs résultats. Nous-même, nous avons assisté à la préparation de quatre bœufs destinés aux grandes manœuvres de 1910 (septembre).

La préparation du sel de frottage et celle des liquides pour l'aseptisation des sacs destinés à contenir la viande demi-salée, demandent des soins longs et minutieux.

L'abatage, l'habillage des animaux et l'ensachement demandent des précautions qu'il sera difficile d'exécuter en temps de guerre.

Autant que possible les colliers, réputés de conservation plus difficile que les autres morceaux, doivent être consommés sur place.

Il faut un personnel nombreux, puisque treize ouvriers peuvent faire seulement huit bêtes par jour ; le matériel nécessaire à cette préparation est considérable et difficile à entretenir. On doit prendre des précautions pour l'expédition ; les wagons doivent être au préalable désinfectés avec une solution spéciale ; et, finalement on doit procéder au *dessalage* avant d'introduire la viande dans les marmites.

Ce nouveau procédé nous paraît très coûteux et *pas pratique*.

Nous lui reprochons encore d'autres inconvénients

au point de vue hygiénique ; malgré le dessalage la viande conserve trop de sel et de ce fait elle ne convient pas à tous les estomacs ; les hommes atteints de dyspepsie et ceux très nombreux aussi dont les reins fonctionnent mal, ne supporteraient pas un aliment ainsi conservé[1]. Tout le monde sait d'ailleurs que la dose de sel nécessaire pour conserver la viande lui fait perdre son suc et diminue ainsi les propriétés alibiles.

En résumé, les inconvénients que présentent ces quatre variétés de viande sont graves ; nous en signalerons d'autres à propos de la mobilisation dans la troisième partie de cette conférence.

3° EMPLOI DES VIANDES REFROIDIES
DE 2° A 3° ET DES VIANDES CONGELÉES DE 5° A 28°
(A CŒUR).
AVANTAGES EN TEMPS DE PAIX ET EN CAS DE GUERRE
PERFECTIONNEMENTS

Le meilleur mode de fourniture de viande à préconiser aux troupes en campagne est celui qui permet de réaliser les desiderata suivants :

a) donner aux soldats une viande salubre et substantielle ;

b) faciliter la mobilisation ;

c) faire réaliser des économies, même en temps de paix.

L'emploi de la viande *refroidie* et *de la viande con-*

---

[1] Dans l'*Hygiène générale de la digestion*, le professeur LINOSSIER dit : « Je ne ferai que signaler la conservation par les antiseptiques. Elle est condamnée par tous les hygiénistes. Elle doit l'être plus sévèrement encore s'il s'agit de l'alimentation des dyspeptiques ».

gelée répond à ce triple but, comme je vais le démontrer.

Il ne faut pas, Messieurs, confondre l'action de l'air des *glacières* destinées à conserver de petites quantités de viande, avec l'action de l'*air froid et sec* produit par les usines frigorifiques. Dans le premier cas l'humidité, en se dégageant de la glace, prépare sur la viande un terrain favorable aux développements d'agents pathogènes : l'air ne se renouvelant pas dans les glacières, la viande devient molle, poisseuse et prend vite un goût très accentué de *relent*. Un autre inconvénient beaucoup plus grave peut en résulter, si l'on se sert de glacières primitives dans lesquelles la viande n'est pas suffisamment séparée de la glace ; dans le cas ou celle-ci a été fabriquée avec des eaux contaminées, ou si elle provient d'étangs dont les eaux sont polluées, la viande peut provoquer des intoxications très graves qui dès le début revêtent une forme paralytique.

En résumé, ce mode de conservation ne présente que des dangers, tandis que *l'air froid sec* ne procure qu'avantages et assure toute sécurité, comme vous pourrez le constater bientôt.

A l'avenir, même dès le temps de paix, les soldats peuvent être alimentés selon les circonstances et leur éloignement des usines frigorifiques, soit avec de la viande *refroidie* à 2° à 3°, soit avec de la viande *congelée* à 12° arrivée au terme de conservation.

Durée de conservation. — La viande refroidie de 2° à 3° peut se conserver au moins trente jours à *condition* qu'elle soit aussi bien *ressuyée* que possible avant d'être mise dans les *chambres froides*, et que celles-ci soient *aérées d'une manière permanente* avec l'air *froid et sec*.

Pour obtenir ce résultat, la salle de ressuyage où doit séjourner la viande au moins pendant douze heures,

avant d'être mise dans les chambres froides et de congélation, doit être large et très bien aérée; si malgré
cette disposition l'état hygrométrique de l'air dépasse
70°, *on doit disposer un moteur indépendant pour
actionner des ventilateurs destinés à donner de l'air
sec aux salles.*

Cette opération préliminaire a une telle importance
que les Allemands, dans le but d'avoir de la viande bien
ressuyée, lui faisaient subir un certain pressurage; mais
ils se sont vite aperçus que cette pratique faisait perdre
à la viande une forte partie de son suc et ils l'ont aban-
donnée.

Nous avons déjà remarqué que si la viande en sortant
de la salle de ressuyage était *croûtée*, elle se conservait
bien mieux et avait un plus bel aspect.

La viande ayant de la graisse de couverture se comporte mieux dans les chambres froides que celle qui en
a peu ou point. Le taureau sans couverture a très mauvais aspect.

En somme pour faire de la bonne conservation, il faut
de l'air froid et sec, *constamment renouvelé,* malgré
que l'air sec noircisse les coupes et la surface de la
viande dépourvue de graisse. Si l'hygromètre marque
plus de 70°, l'air est humide et les moisissures envahis-
sent la viande, qui ne tarde pas à prendre une odeur et
un goût désagréables.

Les animaux dont la chair doit être conservée par le
froid, seront toujours abattus dans les conditions d'asep-
sie[1] la plus parfaite; dans ce but, nous faisons pratiquer
l'écoffrage et nous enlevons la plèvre souillée; cette

---

[1] Il n'est pas toujours possible d'obtenir ce résultat d'une
façon parfaite, parce qu'on manque de personnel, de linge, d'eau,
et que les abattoirs ne s'y prêtent pas.

saignée spéciale rend la viande plus exsangue ; les chairs, contenant beaucoup moins de sang, n'ont pas de tendance à produire des toxines. Les salles d'abatage, les hommes et les instruments nécessaires à l'abatage du bétail doivent être parfaitement propres.

Action du refroidissement et de la congélation sur les viandes. — Viandes refroidies. — Tous les auteurs qui ont étudié cette viande : les professeurs Gautier de Paris, Galtier de l'École vétérinaire de Lyon, Letulle de la Faculté de Paris, le Dr Moreau et Carreau de Dijon, déclarent qu'elle *conserve toutes les qualités de la viande fraîche,* mais que la maturation spéciale qu'elle subit dans les chambres froides (sorte d'auto-digestion) la rend plus juteuse, plus savoureuse, partant très agréable à manger et enfin plus assimilable.

A Toul, nos soldats consomment de cette viande depuis le 15 avril 1910 et ne se sont pas doutés que cette denrée avait subi une conservation particulière : consultés, ils ont déclaré qu'elle était meilleure qu'à l'ordinaire.

La viande refroidie est incontestablement *plus délicate* que celle qui a été congelée, mais il convient en la maniant de prendre des précautions très minutieuses afin d'en retarder la putréfaction hâtive.

La température que nous avons eue pendant tout le mois d'avril (temps couvert, orageux) a été défavorable ; néanmoins, nous n'avons pas eu la moindre avarie, et cependant nous avons distribué de la viande qui avait vingt et un jours de conservation ; des quartiers sont restés dans nos salles de distribution vingt-quatre heures avant d'être livrés aux corps.

Autant que possible, nous sommes partisan de la conservation à court terme, huit, dix jours seulement ;

nous croyons avec la plupart des auteurs cités plus haut, que la viande perd une partie de ses qualités nutritives au delà de dix jours.

En Allemagne, dans toutes les villes pourvues d'usines frigorifiques, les règlements exigent que toutes les viandes fassent un séjour d'au moins douze heures dans les chambres froides.

VIANDES CONGELÉES. — Ici les avis sont partagés : GAUTIER et LETULLE affirment que cette viande conserve toutes ou presque toutes ses propriétés; feu GALTIER, les D* PAGÈS et MOREAU prétendent qu'elle est alibile et savoureuse, mais moins bonne que la viande *refroidie et fraîche*.

La viande congelée à cœur, de 12 à 28°, peut se conserver dix-huit mois si elle est maintenue dans les chambres à une température permanente au-dessous de 5°, dans un air sec *constamment renouvelé*.

Cette denrée se prête à tous les transports et peut être conservée en dehors des chambres de trois à quinze jours selon la température (d'été et d'hiver).

La précaution d'isoler les quartiers ou de recouvrir les quartiers avec un linge est à notre avis inutile ; en cas de mobilisation il ne serait pas toujours facile d'avoir du linge propre.

Avantages en cas de guerre. — La viande nécessaire à l'alimentation du soldat pour la période des conflits étant préparée dès le temps de paix, présentera toutes les qualités de salubrité qu'il serait difficile d'obtenir au moment de la mobilisation.

Pour vous donner une idée des économies qu'on peut réaliser par ce mode de fourniture, nous supposons que

11.

le prochain conflit durera six mois avec un million d'hommes sous les drapeaux, consommant chacun 500 grammes de viande par jour ; nous admettons que les animaux abattus rendent en moyenne 300 kilogrammes de viande nette (4 quartiers).

A) Économies réalisées sur les denrées fourragères. — M. de Freycinet, dans un rapport qu'il adressait au Président de la République en 1891, estimait que par la création d'usines frigorifiques dès le temps de paix, on pouvait faire *vingt-trois millions* d'économies en fourrage.

B) Dépérissement du bétail. — Le dépérissement dépasse toujours les provisions calculées ; dans certaines circonstances très défavorables : maladies banales, fièvre apteuse, intempéries rigoureuses et de longue durées, disette de foin, manque d'abreuvements, fatigues, etc., il peut atteindre 10 à 22 p. 100. Même dans les conditions ordinaires aux troupeaux de bœufs de même race, d'âge et d'engraissement égal, les premiers abattus rendent de 58 à 65 p. 100 ; ceux qui ont souffert un peu, les derniers abattus, huit à dix jours après, ne rendent que de 48 à 52 p. 100.

Pour démontrer que nos assertions n'ont rien d'exagéré et qu'au contraire nous sommes au-dessous de la réalité, nous citerons textuellement un exemple frappant que le témoin, M. Mounet, vétérinaire en 2e au 61e d'artillerie, a relaté dans la *Revue vétérinaire militaire* du 31 mars, p. 100. « La viande des animaux abattus par les troupes se corrompra avec la plus grande facilité et deviendra immangeable quelques heures après l'abatage ; cuite peu après la mort, elle sera dure et coriace. Finalement, au lieu d'être un aliment très nutritif, la viande des bœufs réunis en troupeaux sera souvent toxique et jamais bien alibile. Il n'y a aucune exagération à penser que les choses iraient ainsi dans une guerre, quand on voit ce qui se passe aux manœuvres. Ceux qui les ont suivies ont pu voir ces animaux étiques, se traînant derrière les troupes. Nous pouvons en parler par expérience. Désigné pour l'achat des bœufs destinés à alimenter le 8e corps d'armée aux manœuvres de 1908, puis chargé du service sanitaire du troupeau de ravitaillement de ce même corps d'armée, nous avons pu suivre le bétail depuis la prairie où nous l'achetions jusqu'au moment où il était livré aux corps de troupe. Malgré une température exceptionnelle, un temps très beau, sans pluies ni chaleurs trop fortes, nous voyions les animaux fondre véritablement d'un jour à l'autre. Les rendements baissaient très vite. Alors qu'au moment de l'achat, les bœufs achetés dans le Nivernais (La Guerche), payés 0 fr. 95 le kilogramme sur pied, avaient un rendement supérieur à 65 p. 100, les derniers abattus étaient descendus à 43 p. 100, après huit jours de manœuvres. Et nous répétons que ces manœuvres étaient loin d'être dures pour le troupeau, qui ne faisait guère que 20 kilomètres par jour, sur des routes peu encombrées ; qui, tous les soirs, trouvait un parc avec de la bonne herbe. Mais le bœuf, sitôt qu'il est fatigué plus que de coutume, cesse de manger. C'est là une nouvelle source et la plus sérieuse de perte de poids.

Mais si les manœuvres causent déjà de tels mécomptes, que dire de la guerre, où le bétail se trouve dans des conditions infiniment plus désavantageuses. »

Dans notre longue carrière d'acheteur, nous avons fait de très curieuses observations. Pendant l'hiver

1907 et 1908 nous avons acheté à Aurillac huit wagons de vaches, bétail que nous avons livré à Toul au fur et à mesure de nos besoins. Dans ce lot se trouvaient quelques vaches pleines à une période plus ou moins avancée. L'hiver étant très rigoureux, le dépérissement en cours de route a été très élevé ; les vaches en état de *gestation ont été plus particulièrement éprouvées* par le froid et la fatigue ; aussi leur rendement a été de 40 à 43 p. 100 au lieu de 48 à 50 p. 100, et cela pour un voyage de cinquante à cinquante-huit heures. Nous avons constaté en maintes circonstances que plus les bœufs étaient gras, moins ils supportaient les fatigues occasionnées par les voyages ; il en est de même des vaches en état de gestation.

Cette question du dépérissement du bétail n'est pas *assez connue* ; et, sûrement, dans certains cas, des officiers acheteurs ont dû être incriminés à tort.

Le dépérissement des bœufs du 8e corps pendant les manœuvres de 1908 a augmenté le prix de revient de la viande au kilogramme de :

$$\frac{100 \text{ kilos poids vif} \times 95 \text{ francs}}{\text{rendement } 65 \text{ p. } 100} = 1 \text{ fr. 46 le kilogramme.}$$

à

$$\frac{100 \text{ kilos poids vif} \times 95 \text{ francs}}{\text{rendement } 45 \text{ p. } 100} = 2 \text{ fr. 09 environ.}$$

soit une augmentation de 0 fr. 63 environ par kilogramme de viande nette, en quelques jours.

Pour nourrir un million d'hommes en cas de guerre, à raison de 500 grammes par ration, il faudra 833 bœufs par jour : en admettant que la perte soit *seulement* de 6 p. 100 en moyenne (par bœuf), chaque animal perdra 18 kilogrammes de viande nette ; 833 bœufs × 18 kilogrammes = 14.994 kilogrammes de viande à 1 fr. 50 le kilogramme 14.994 × 1 fr. 50 = 22.491 francs par jour ; pour 181 jours de conflit 22.491 francs × 181 = 3.474.871 francs.

C) Mortalité par accidents, maladies aigues, soit 16 bœufs par jour à 450 francs par bœuf; perte 450 francs × 16 = 7.200 francs × 181 jours = 1.303.200 francs.

D) Mortalité par maladies contagieuses : tuberculose, peste bovine, fièvre aphteuse, 2 p. 100 1.303.200 francs.

Nous sommes certainement au-dessous de la vérité, comme nous allons le démontrer tout à l'heure par des exemples pris sur les dernières guerres : Chine et Russo-Japonaise. Pour les maladies contagieuses, pour la tuberculose, l'État ne pourra plus avoir aucun recours contre le vendeur faute de renseignements précis et délais périmés. Quant aux deux autres affections : *peste bovine* et fièvre aphteuse, si elles viennent à sévir, les pertes seront d'autant plus élevées que les animaux seront placées dans de très mauvaises conditions.

Pendant la guerre de Chine (1900) la *mortalité* du bétail par accidents, maladies de toutes sortes, a été de 50 p. 100 sur les troupeaux français et allemands. Les Italiens accusent une mortalité sensiblement plus élevée ; les Anglais achetaient au jour le jour. M. Jou-clard, officier d'administration, dit dans la *Revue de l'Intendance* (1902) que dans les journées du :

24 septembre, sur	750 bœufs	18 sont morts.
1er octobre, sur	1.076 —	24 —
9 octobre, sur	920 —	64 —
	2.746	108

Soit 108 bœufs en quelques jours, sur un effectif de 2.746. Tous ces chiffres se passent de commentaires.

Pendant la campagne russo-japonaise, la mortalité a été sensiblement la même, nous affirme-t-on, et le bétail dans un état de maigreur déplorable.

E) MAUVAISE UTILISATION DES PRODUITS DU 5ᵉ QUARTIER : peaux, estomacs, issues rouges, etc. Le 5ᵉ quartier rapporte en temps de paix 0 fr. 30 par kilogramme de viande nette. On peut admettre *a priori* qu'il ne rapportera que 10 centimes, soit 20 centimes de perte par kilogramme : ce qui ferait 10.646.380 francs.

F) GAIN SUR LE PRIX DE LA VIANDE refroidie et congelée qui serait distribuée dès le temps de paix.

Le kilogramme de viande refroidie et congelée, en tenant compte d'une perte de 2 p. 100 (évaporation) et des frais occasionnés par les usines frigorifiques, ne dépassera pas sûrement, si les achats sont bien faits, 1 fr. 60 le kilogramme de viande nette ; tandis que le kilogramme de viande conservée, désossée il est vrai, coûte 3 fr. 20 en moyenne.

On réalisera donc de ce côté des économies importantes.

G) RÉDUCTION DES FRAIS DE TRANSPORT. — Un seul train de marchandises peut transporter en viande congelée et refroidie le même nombre de rations que 40 trains de bétail vivant.

H) ENFOUISSEMENT DES ISSUES NON UTILISÉES ET DES CADAVRES. — Toutes les issues non utilisées seront enfouies ; on les saupoudrera de chaux. Cette opération entraînera une certaine dépense et une perte de temps assez appréciable.

I) RÉSERVE DE CUIR. — On ne sera plus exposé à manquer de cuir tanné au moment de la mobilisation, ni après les conflits ; le service de l'Intendance, avec ses usines frigorifiques, pourra se créer d'importantes réserves.

A ce propos, nous croyons que la hausse du cuir est sûrement due en grande partie à ce nouveau mode de tannage au chrome.

Cette substance permet d'utiliser les cuirs beaucoup plus tôt ; mais par contre les peaux rétrécissent et s'usent plus vite, d'où une dépense plus élevée de cuirs (rétrécissement et usure 40 p. 100).

J) IMMOBILISATION DU PERSONNEL. — Les parcs immobilisent beaucoup d'hommes à un moment où ils seraient si utiles comme combattants ; en temps de paix comme en temps de guerre, chaque usine pourrait être dirigée par un vétérinaire militaire. Le personnel employé serait recruté en grande partie parmi les hommes non mobilisés ; les femmes même peuvent y être utilisées.

K) DISPARITION DES ÉPIZOOTIES, qui, dans toutes les guerres, déciment le bétail et nécessitent pendant très longtemps des mesures sanitaires sévères.

L) LE TRANSPORT de la viande congelée et refroidie étant 49 fois moins encombrant que le transport du bétail sur pied (pour le même nombre de rations), le commandement aura les voies libres et pourra disposer du matériel wagons pour d'autres transports et surtout *pour amener les troupes* le plus près possible du lieu du combat.

M) Il n'y aura plus d'eau souillée par les abats, les détritus et les cadavres qu'on n'a pas le temps d'enfouir et qu'on jette généralement dans les cours d'eau.

N) Enfin, les hommes seront assurés de consommer de la viande provenant d'animaux sains, non surmenés et le commandement aura un grand souci de moins, sachant que le ravitaillement de la viande, vivre le plus important, est assuré.

Conclusions. — Tout milite en faveur de l'emploi des frigorifiques, même en temps de paix. L'exposé des calculs que nous venons de faire et qui nous démontrent les avantages considérables des usines frigorifiques, nous amène en même temps de la façon la plus naturelle à la conclusion pratique suivante.

L'État, d'après les exemples *pris à dessein très au-dessous de la vérité,* réaliserait au minimum 35.000.000 de francs d'économies, et cette somme suffirait à la création d'une douzaine d'usines frigorifiques d'une capacité de 6.000 quintaux (chacune).

4° MOYENS EMPLOYÉS POUR ABOUTIR LE PLUS VITE POSSIBLE

Les moyens à employer pour aboutir sont de trois sortes :

A) Action directe de l'État ;

B) Encouragement de l'État à l'initiative privée ;

C) Instruction des élèves des grandes Écoles et conférences aux officiers.

A) **Action directe de l'État**. — L'État doit donner l'exemple en faisant édifier le plus vite possible une dizaine d'*usines frigorifiques militaires*. Ces nouvelles usines doivent être construites dans les grands centres d'élevage ; par exemple à Caen, Cholet, la Roche-sur-Yon, Limoges, Clermont-Ferrand, Montluçon, Brives, Nevers, Dijon, Marseille (cette dernière pour le bétail venant des colonies : Algérie, Soudan, Madagascar, etc.)

Créer en même temps dans nos ports militaires des *entrepôts* de viande congelée avec chambre froide, pour recevoir la viande provenant de l'Australie et de l'Amérique et *destinée à l'alimentation des troupes de la Marine*.

Ces entrepôts pourraient être placés : à Dunkerque Le Havre, Rouen, Lorient, Nantes, Saint-Nazaire, Toulon et Marseille.

B) **Encouragement de l'État à l'initiative privée** :
1° Abattoirs avec usines frigorifiques ;
2° Matériel : voitures, wagons, etc. ;
3° Flotte marchande.

1° Dans tous les centres d'élevage, l'industrie privée, après entente avec les municipalités, peut créer des abattoirs intercommerciaux avec usines frigorifiques, dans lesquels on pourrait en même temps fabriquer de la glace et avoir des chambres spéciales pour mettre en conserve toutes les denrées périssables : volailles, œufs, fruits, fleurs, etc.

Les grands abattoirs pourraient faire de la congélation ; ceux de moindre importance, feraient seulement de la viande refroidie. Les abattoirs seraient placés autant que possible près des grandes villes pour pouvoir utiliser les produits du 5ᵉ quartier dans les meilleures conditions.

L'État devrait contribuer pour une part à l'édification de ces abattoirs et s'engager à utiliser pour l'alimentation du soldat, toutes les viandes sortant de ces divers établissements au fur et à mesure de la production. Ces viandes se substitueraient à celles de conserve, dont les distributions iraient aussi en diminuant et finiraient par disparaître complètement.

2° MATÉRIEL : VOITURES, WAGONS. — Établir des concours entre les divers constructeurs d'automobiles pour les exciter à construire des modèles d'autobus, pouvant répondre aux besoins des diverses industries et susceptibles de se transformer facilement, rapidement et sans trop de frais en voitures à viande, en cas de mobilisation.

Il est à prévoir que bientôt les principales villes de France posséderont des autobus pour le transport des voyageurs, et des camions automobiles pour le transport des marchandises : épiceries, vins, viandes de boucherie et de charcuterie. Ce qui a été fait pour Paris peut être fait pour les autres villes.

Les grandes Compagnies des chemins de fer doivent être sollicitées ou forcées d'avoir un matériel de wagons frigorifiques aptes à transporter de la viande refroidie et congelée provenant des abattoirs ou usines militaires.

A l'exemple de ce qui se fait pour le transport des vins, des Sociétés privées ne tarderaient pas à se former pour le transport des viandes frigorifiées. Il existe déjà trois Sociétés.

Les trains Renard peuvent être utilisés ; ils sont

appelés à rendre de très grands services. Enfin, n'oublions pas l'essentiel ; *nos routes auront beaucoup à souffrir* par la fréquentation de tant de poids lourds. Il faut donc, d'ores et déjà, prendre les précautions nécessaires pour les mettre en état de supporter de pareils fardeaux. Nous serions bien avancés si nous avions un matériel très pratique sans pouvoir l'utiliser convenablement, faute de bonnes routes !

Je dois ajouter que déjà l'Allemagne possède un très grand nombre de wagons d'une capacité de 40 m³, admirablement agencés pour le transport des viandes refroidies et congelées.

L'Amérique a plus de 90.000 wagons frigorifiques circulant sur les voies ferrées.

En Italie, une seule Compagnie en possédait 70 en 1909.

La Suisse et la Russie travaillent très activement à la confection de ce matériel.

En France nous avons trois Sociétés qui s'occupent des transports frigorifiques.

1° La Société générale des wagons et entrepôts frigorifiques ;

2° La Société des magasins et entrepôts frigorifiques de France ;

3° La Compagnie des wagons aérothermiques.

Nous ne connaissons pas le nombre de vagons dont peuvent disposer ces trois Compagnies; en tout cas, on ne peut pas faire construire des wagons, s'il n'y a pas de viande à transporter. Dès que l'État et l'industrie privée auront édifié des usines, les Sociétés spéciales s'occuperont du matériel de transport.

3° FLOTTE MARCHANDE. — Déjà en 1897, la flotte

marchande britannique possédait 123 *steamers* parfaitement aménagés pour le transport des viandes et autres denrées périssables ; en 1907, sa flotte comptait 256 navires destinés au même but.

L'Australie, la Nouvelle-Zélande et l'Amérique du Sud, disposent d'une flotte de 175 navires pour transporter les viandes refroidies et congelées en Europe.

Encore là, nous avons le regret de constater l'inertie des Compagnies de navigation ; elles se laissent prendre par la flotte anglaise et allemande toutes les marchandises périssables provenant de nos colonies.

La Compagnie des Chargeurs Réunis a quelques navires possédant des chambres frigorifiques ; mais *ils sont utilisés par les Compagnies anglaises* pour les transports des viandes frigorifiques venant d'Amérique.

L'année dernière encore, la Compagnie Transatlantique n'avait que *deux paquebots* avec frigorifiques ; celle des Messageries Maritimes a seulement quelques chambres dans certains navires !

Le prix du frêt que nos Compagnies font payer est beaucoup trop élevé ; un seul exemple le prouvera. Les Compagnies anglaises transportent un mouton d'Odessa à Marseille pour le prix variant de 1 fr. 25 à 2 francs (selon le nombre), tandis que les Compagnies françaises font payer 2 francs à 2 fr. 50 pour la traversée de Tunis et d'Alger à Marseille.

Comme on le voit, d'après les divers exposés, il nous reste beaucoup à faire sous tous les rapports pour nous mettre au niveau de certaines puissances étrangères.

C) **Instruire les élèves de nos grandes Écoles civiles et militaires. — Conférences régimentaires. —** Nous sommes en général des profanes sur cette question *du* *froid;* nous connaissons peu de chose. Il est donc urgent d'instruire les élèves de nos grandes Écoles. Quelques cours (5 ou 6) pourraient être professés : à l'École polytechnique, Saint-Cyr, Saumur, dans les Écoles d'agriculture et vétérinaires. Les aides vétérinaires sortis de Saumur devraient faire un stage de quelques semaines dans une usine frigorifique militaire pour s'initier à la technique de ces établissements. Enfin, dans les régiments, des conférences devraient être faites aux officiers ; on leur apprendrait à reconnaître la viande refroidie et congelée, et on leur indiquerait les moyens de la conserver et de l'utiliser.

ALTÉRATIONS

Les viandes refroidies et congelées peuvent subir, dans les chambres, diverses altérations.

Les principales sont : les *moisissures*, la *mauvaise odeur* et la *putréfaction.*

Moisissures [1]. En règle générale, nous avons observé que lorsque les viandes font un séjour de plus de trois mois dans les chambres froides, elle se couvrent plus ou moins de *moisissures,* pour peu *que la ventilation laisse à désirer.*

L'insuffisance de la ventilation ou le refroidissement par *l'air insuffisamment sec* (frigorifères à surfaces givrées) déterminent, en effet, dans les parties du corps des animaux les plus à l'abri de l'air (parois internes de la poitrine, de l'abdomen et du bassin, faces diaphragmatiques, etc...), l'apparition des moisissures.

[1] De la famille des mucorinées ou mucoracées : le *clodosporium* et le *thamnidium,* espèces banales *inoffensives* par elles-mêmes, peuvent être portées dans les chambres par des poussières ; elles appartiennent aussi à la flore normale de l'intestin du mouton.

Quand les viandes sont entassées, l'air stagne dans ces régions et favorise le développement de moisissures; et consécutivement la mauvaise odeur de la viande, si l'altération est suffisamment étendue.

De ces considérations il découle deux indications : éviter l'*entassement* et *débiter* la viande de telle façon qu'elle présente le moins de cavités possibles.

Les moutons seront fendus en deux dans leur longueur; on n'opposera jamais, en les serrant, deux cuisses d'un même animal (bovin), les bassins se faisant face, parce qu'il se forme dans ces cavités des *chambres* où l'air ne se renouvelle pas pendant tout le séjour de la viande dans les resserres.

Chez le bœuf comme chez le mouton, pour obtenir une conservation aussi parfaite que possible il faut *enlever le diaphragme et ses piliers*.

Ces moisissures banales, disséminées par petits foyers blancs ou légèrement grisâtres sur les régions que nous avons citées plus haut, ne compromettent pas autrement la *qualité* de *la viande* qui n'est pas altérée par leur présence; il suffit, avant de la distribuer, de passer sur les régions couvertes de moisissures un linge propre trempé au préalable dans de l'eau salée à saturation, ou dans l'eau légèrement vinaigrée, pour qu'il ne reste aucune trace de cette altération.

Mais, si à partir de l'apparition des moisissures blanches, (*avertissement*) on ne modifie pas la ventilation *sûrement défectueuse, insuffisante* en tout cas, la viande se couvre de moisissures bleues, vertes et jaunâtres, qui la pénètrent profondément, lui donnent une *odeur repoussante* et la rendent impropre à la consommation.

Putréfaction. La viande peut se corrompre dans

les chambres quand elle a été envahie par les moisissures et qu'elle n'a pas était distribuée à temps ; quand
les chambres sont *mal aérées* ou que l'air n'est pas
suffisamment sec ; enfin, lorsqu'on y pénètre trop souvent [1].

Elle s'avarie vite à la sortie des chambres, si elle
subit trop de manipulations et n'est pas *distribuée*
dans la limite de la conservation, surtout si les influences
atmosphériques lui sont défavorables : pluies, humidité
de l'air, température orageuse.

Le vent sec et *froid* du nord prolonge la conservation.

Il ne faut pas oublier que le froid *ne tue point*, mais
engourdit seulement les *germes* dont la viande était
polluée avant son introduction dans les resserres, et que
ces agents pathogènes ou saprophytes reprennent leur
vitalité au moment de la décongélation, soit pour engen-
drer leurs dangereux poisons, soit pour déterminer la
putréfaction ; les deux phénomènes peuvent avoir lieu
en même temps.

La mauvaise odeur de la viande contractée dans les
chambres, tient à deux causes : à la chambre elle-même,
si elle est enduite de peinture (ripolin ou autres produits,
sur les murs ou les séparations) ; ou à l'action des moisissures, celles-ci elles-mêmes causées par le *manque de
ventilation.*

Pour se rendre compte des effets produits par la ventilation *insuffisante*, il suffit de pénétrer dans une resserre deux ou trois heures après l'arrêt du ventilateur,
ou le matin avant que le ventilateur ait produit son

---

[1] Les heures d'entrée dans les chambres doivent être fixées par
une consigne très sévère.

effet : la viande dégage à ce moment une forte odeur de *relent* qui n'a pas été sans nous donner de *très vives inquiétudes* au moment où l'on ne faisait de la ventilation que quelques heures par jour. L'odeur de relent, si spéciale, est d'autant plus forte que l'*entassement* est plus accentué.

Notre confrère CARREAU, qui dirige depuis *huit ans* le frigorifique de Dijon et M. CHAUVEAU-DUBOIS, de Rennes, disent que les mauvaises odeurs n'existent pas si la *ventilation est bien faite ?*

Pour obtenir ce résultat, il faut que la *ventilation soit permanente.* Quand on ne peut pas l'obtenir en permanence avec les machines, il faut y suppléer par des moteurs spéciaux.

Il est expressément recommandé de ne mettre dans les chambres que la denrée à conserver; *l'introduction de poisson*, même de rivière, placé sur la viande, doit être rigoureusement interdite.

DÉCONGÉLATION

La *décongélation* est une opération *très délicate,* ainsi qu'il résulte de ce que nous venons d'exposer; elle demande des précautions minutieuses. Pour éviter les accidents qu'elle peut produire sur la viande, il vaudrait mieux procéder en temps de paix comme à la guerre : distribuer aux troupes la viande congelée.

Il y a encore une autre raison péremptoire en faveur de la *non-décongélation* de la viande; c'est que les corps ne sont pas outillés pour recevoir de la viande décongelée.

Les cabanons où elle est placée au moins pendant douze heures, sont trop exigus, mal éclairés et encore plus mal aérés ; en outre, ils sont généralement encombrés d'objets et d'autres aliments souillés (lard, légumes, pain, balais, linge sale, chaussures, pétrole, etc..., mouches).

On pourra faire utilement de la décongélation quand les régiments qui consommeront presque en permanence des viandes refroidies et congelées auront à leur disposition une boucherie unique avec resserre, où les compagnies viendront prendre la viande quelques instants avant de la mettre dans les marmites.

Comment doit être faite la décongélation ? A notre avis, dicté par l'expérience, la décongélation doit être faite dans une vaste chambre munie d'un moteur pour faire de la ventilation avec de *l'air sec* et *relativement chaud*, c'est-à-dire voisin de la température normale. Nous ne sommes pas partisan de la décongélation dans les chambres froides à une température de + 2° à + 5°, dans lesquelles on laisse séjourner la viande de cinq à vingt jours. Placée dans ces conditions, (surtout le mouton entassé), la viande prend très mauvais aspect et ne tarde pas à se couvrir de moisissures ; quand on la retire des chambres, la vapeur d'eau de l'atmosphère se déposant sur la viande encore glacée, il se produit un lavage superficiel qui donne à cette denrée un aspect terne et lavé peu flatteur. Bien que la viande soit *saine* et *comestible*, sous cet aspect, les corps peu familiarisés à cette apparence n'en veulent pas faire usage, la croyant déjà *avariée* ; s'ils l'acceptent, c'est avec une grande répugnance et ils les donnent à contre-cœur à leurs hommes.

La viande décongelée a souvent l'aspect extérieur de la *viande fiévreuse*, mais un inspecteur expérimenté ne peut pas se tromper ; car à la coupe le muscle présente une section uniformément rouge ; la flaccidité est beaucoup moindre ; l'odeur est simplement *fade* et non *aigrelette* ; les graisses de couverture ne sont pas infiltrées ; enfin le tissu conjonctif des diverses régions n'est pas congestionné.

Les caractères spéciaux que prend la viande frigorifiée et qui peuvent masquer parfois des altérations pathologiques, les modifications propres qu'elle peut présenter, les soins minutieux dont la réfrigération doit être entourée, démontrent irréfutablement que la direction des frigorifiques doit être l'apanage de spécialistes connaissant bien la viande saine et malade.

J'appelle enfin votre attention sur la *recongélation des viandes* ; c'est une erreur grossière de réintroduire dans les resserres des viandes qui ont séjourné quelques heures dehors, sous prétexte d'en retarder l'altération ; au contraire : « les passages successifs de la température ambiante à celles des salles, précipite la décomposition. » CARREAU.

STÉRILISATION

Pour éviter les altérations dans les chambres froides et pour prolonger la durée de conservation, les Anglais et les Américains ont cherché à *stériliser* la viande avant de la refroidir et la congeler. Deux procédés sont actuellement employés, dus à MAC MEILAM et RAYSON[1]. Nous pourrons plus tard, quand ils seront sanctionnés par la pratique, utiliser le meilleur procédé de stérilisa-

---

[1] Méthode pour réfrigérer la viande par de l'air stérilisé en utilisant l'air sec combiné avec un vide partiel (industrie frigorifique).

tion. On diminue sensiblement les chances d'altération des viandes dans les chambres par un nettoyage minutieux de celles-ci, suivi d'une désinfection à fond, pendant la période de chômage. Dans le même but, on utilise encore la désinfection permanente par l'ozone injecté à petite dose avec l'air porteur du froid.

Soins à donner à la viande en cours de route. — Les soins à donner, en cours de route, à la viande congelée, peuvent se borner à l'essuyage fréquent avec des linges excessivement propres. Par ce procédé, nous avons pu conserver huit à dix jours des gigots de mouton, par une température de + 15° environ.

La viande refroidie est plus délicate, il faut la manier le moins possible.

MODIFICATION

Dans une usine modèle, à créer, entre autres modifications à faire, nous croyons que les frigorifères doivent être placés le plus haut possible (ils sont placés en contre-bas actuellement) ; parce que l'air froid est plus lourd que l'air chaud. Y a-t-il un meilleur accumulateur du froid que le frigorifère ? Non, sans nul doute. Pourquoi alors ne pourrait-on le placer le plus près possible des chambres, tout en gardant cependant un certain éloignement, pour éviter que l'air chassé par le ventilateur à travers la saumure, qui tombe en pluie dans le frigorifère, entraîne des parcelles liquides qui iraient saler l'atmosphère des chambres froides.

EXTRAIT DU BILAN DU MOIS DE JANVIER 1910

	Poids mort.	Poids vif.	Rendement moyen. P. 100.
Nombre de taureaux abattus. 40	15.517	26.800	57,90

Tous les taureaux de race que nous abattons donnent un rendement supérieur à 60 p. 100 (sans les maxillaires inférieurs, soit les quatre quartiers seulement, tandis que Paris pèse les maxillaires inférieurs; par conséquent, dans cette ville, le rendement serait plus élevé).

Le rendement moyen est influencé par les taureaux de pays, qui sont communs et moins gras.

	Poids mort.	Poids vif.	Rendement moyen. P. 100.
Nombre de bœufs abattus. . 118	45.689	81.060	56,36

Le rendement moyen est aussi influencé par les quelques bœufs de pays.

	Poids mort.	Poids vif.	Rendement moyen. P. 100
Nombre de vaches abattues. 119	29.200	58.000	50,30

Les vaches de races Limousine et Charollaise rendent jusqu'à 57 p. 100. Le rendement moyen est influencé par les vaches de pays, communes, ventrues et souvent pleines de veau et préparées pour la vente.

	Poids mort.	Poids vif.	Rendement moyen. P. 100
258 moutons.	5.185	10.450	49,61
44 porcs.	3.990	4.880	81,76

Prix de revient mensuel au kilogramme net de viande, des :

	Francs.
Taureaux, bœufs et vaches.	1,1275
Moutons.	1,9117
Porcs	1,2160
Prix de revient de la saucisse	1,45347

Les porcs entiers sont désossés pour la fabrication de la saucisse, on y mélange 4/10 de viande de bœuf. La viande est travaillée vingt-quatre heures après l'abat, non additionnée d'eau.

EXTRAIT DU BILAN DU MOIS DE FÉVRIER 1910

	Poids mort.	Poids vif.	Rendement moyen. P. 100.
Nombre de taureaux abattus.	35 13.290	22.750	58,41

Le rendement moyen est plus élevé que celui du mois de janvier parce qu'il y a eu un plus grand nombre de taureaux de race pure.

	Poids mort.	Poids vif.	Rendement moyen. P. 100.
Nombre de bœufs abattus. .	118 49.036	84.750	57,85

Le rendement moyen est plus élevé que celui obtenu en janvier parce que la Commission a fait très peu d'achats en bœufs de pays.

	Poids mort.	Poids vif.	Rendement moyen. P. 100.
Nombre de vaches abattues.	81 20.377	40.510	50,30

Rendement moyen pour l'ensemble 55,8 p. 100.

	Poids mort.	Poids vif.	Rendement moyen. P. 100.
228 moutons.	5.334	10.700	49,82
44 porcs.	3.682	4.610	79,86

Prix de revient mensuel au kilogramme net de viande, des :

	Francs.
Taureaux, bœufs et vaches	1,4777
Moutons.	2,1798
Porcs.	1,4400

12.

BÉTAIL SUR PIED DANS LES ÉTABLES DE LA BOUCHERIE MILITAIRE
PRÉSENTÉ AUX OFFICIERS ASSISTANT AUX CONFÉRENCES

Première conférence.

Animaux achetés par la Commission d'achat au Marché de la Villette (Paris)
du 10 janvier 1910.

NUMÉROS des animaux.	GENRE de bétail.	PRIX d'achat.	POIDS vif à l'abat.	POIDS mort obtenu à l'abat.	RACE	MOYENNE du poids mort par lot.	PRIX de revient.	RENDEMENT	OBSERVATIONS.
87	Taureau.	710	760	948	Nivernais [1].		74	62	On prend la température rectale de tous les animaux qui pour une raison quelconque sont abattus dans un délai trop limité. Tous les animaux destinés au frigorifique ne sont abattus qu'après la prise de la température.
88	Bœuf.	550	630	700	Pays.		78	55	
89	—		660	778					
90	—		680	804	Manceaux [1] Anglaisé.	801	69	60	
91	—	560	740	908					
92	—		600	762					
93	—		640	754					
94	—		760	856	Vendéens.	849	73	56	
95	—	620	750	842					
96	—		[illegible]	[illegible]					
97	—		770	902					
98	—	670	830	972		948	71	59	
99	—		900	1.068					
100	—		850	996					
101	—	720	850	1.042	Manceaux. Anglaisé.	979	73	59	
102	—	850	820	968					
103	—		760	910					
104	—		710	828					
105	—		750	892	Manceaux. Anglaisé.	875	76	59	
106	—	670	720	852					
107	—		770	930					
		13.540	15.650	18.556					
		474							
		14.014							

Rendement moyen 59.28
Prix d'achat de la livre à Paris 72.96
Prix de revient de la livre 76.52

Frais de transport 287.50
Frais de voyages de la Commission 145.65
Frais d'embarquement 33
                                                              8
                                                          ———————
                                                           474.15

[1] Animaux de race pure.

BÉTAIL ACHETÉ PAR LA COMMISSION D'ACHAT AU MARCHÉ DE BREUVANNES (HAUTE-MARNE)[1]

le   janvier 1910.

NUMÉROS des animaux.	GENRE de bétail.	PRIX d'achat.	POIDS vif à l'abat.	POIDS mort obtenu à l'abat.	RACE	MOYENNE du poids mort par lot.	PRIX de revient.	RENDEMENT	OBSERVATIONS
163	Vache.	694	540	548	Pays.	274	73	51	Le bétail de Pays rend beaucoup moins que celui de race acheté au marché de la Villette.
164			590	404		202			
165		427	570	588		588	73	51	
166			470	490		490		52	
167		310	470	462		462	68	49	
168		314	450	478		478	73	53	
169		348	410	396		396	75		
170		672	520	536		536	70	50	
171			590	600					
172	Bœufs.	871	580	594		1.193	73	51	
173	Vache.	414	580	568		568	73	48	
		4.050	5.570	5.664					
		123							
		4.173							

```
Rendement moyen . . . . . . . . . . . . . . . . . . . . . . . . . . . . . . . . . .   50,84
Prix d'achat de la livre . . . . . . . . . . . . . . . . . . . . . . . . . . . . . .   71,50
Prix de revient de la livre . . . . . . . . . . . . . . . . . . . . . . . . . . . .   73,67

Frais de transport . . . . . . . . . . . . . . . . . . . . . . . .   55,60
Frais de voyages de la Commission . . . . . . . . . . . . . . . .   67,15
                                                                  ________
                                                                   122,75
```

BÉTAIL SUR PIED DANS LES ÉTABLES DE LA BOUCHERIE MILITAIRE
PRÉSENTÉ AUX OFFICIERS ASSISTANT AUX CONFÉRENCES

Deuxième conférence.

Animaux achetés par la Commission d'achat au Marché de la Villette (Paris) du 17 janvier 1910.

NUMÉROS des animaux.	GENRE de bétail.	PRISE d'achat.	POIDS vif à l'abat.	POIDS mort obtenu à l'abat.	RACE	MOYENNE du poids mort par lot.	PRIX de revient.	RENDEMENT	OBSERVATIONS
150	Taureau [1].	1.000	1.050	1.438	Nivernais [1]		69	68,4	[1] Animaux de race pure.
151	Bœuf.	580	750	862	Charollais.	842	71	58	
152			650	792					
153			660	782					
154	Bœuf.	650	750	852	Vendéen.	882	73	58	
155			770	912	Manceau anglaisé.				
156	Vache.	480	580	690	Limousine [1].		69	59	
157	Bœuf.	730	730	906	—		80	62	
158	—	650	750	882	Salers.		74	58	
159	—	670	740	918	Manceau [1].		72	62	
160	—	700	770	910	Vendéens [1].	916	76	59	
161			770	922					
		7.970	8.970	10.866					
		459							
		8.429							

Rendement moyen.	60,56	Frais de transport.	287,50
Prix d'achat de la livre à Paris. .	73,53	— de voyag. de la Commis.	145,65
Prix de revient de la livre . . .	77,57	— d'embarquement	18
			8

459,15

WAGON DE BÉTAIL PRÉSENTÉ PAR UN FOURNISSEUR DE CHABLIS (YONNE),
VENDU AU POIDS MORT

NUMÉROS des animaux.	GENRE de bétail.	PRIX d'achat.	POIDS vif à l'abat.	POIDS mort obtenu à l'abat.	RACE	MOYENNE du poids mort par lot.	PRIX de revient.	RENDEMENT	OBSERVATIONS
	Taureaux.	0,70 la livre mort.	820 770 740 670 666	998 970 878 826 768	Bour-bonnais [1]. Nivernais [1]. Manceau [1]. Nivernais [1]. Nivernais [1].	880	0,70	60 62 59 61 58	Saisie 68 kilo-grammes, tuberculose localisée. [1] Animaux de race pure.
	Bœuf.	0,77 la livre mort.	800 770	986 894	Charollais [1]. Schwitz.	940	0,77	61 58	
	Vaches.	0,75 la livre mort.	600 550 570	616 464 562	Nivernais.		0,75	54 53	

Les taureaux. . . . . 0,70 la livre
Les bœufs 0,77   — } Franco gare Toul.
Les vaches. 0,75   —

BÉTAIL ACHETÉ PAR LA COMMISSION D'ACHAT AU MARCHÉ DE CHATENOIS (VOSGES)
le   janvier 1910.

NUMÉROS des animaux.	GENRE de bétail.	PRIX d'achat.	POIDS vif à l'abat.	POIDS mort obtenu à l'abat.	RACE	MOYENNE du poids mort par lot.	PRIX de revient.	RENDEMENT	OBSERVATIONS
118	Taureau.	591	750	870	Pays.	68	58		
119	Bœuf.	538	650	728		74	56		
120	Vache.	290	460	462		64	50		
121	Taureau.	422	580	660		64	56		
		1.841	2.440	2.720					
		111							
		1.952							

Rendement moyen . . . . 55 fr. 73 p. 100
Prix d'achat de la livre . . . . 67 fr. 67
Prix de revient de la livre . . . . 71 fr. 76

Frais de transport 46,35
Frais de voyages de la Commission 64,55
                                                          110,90

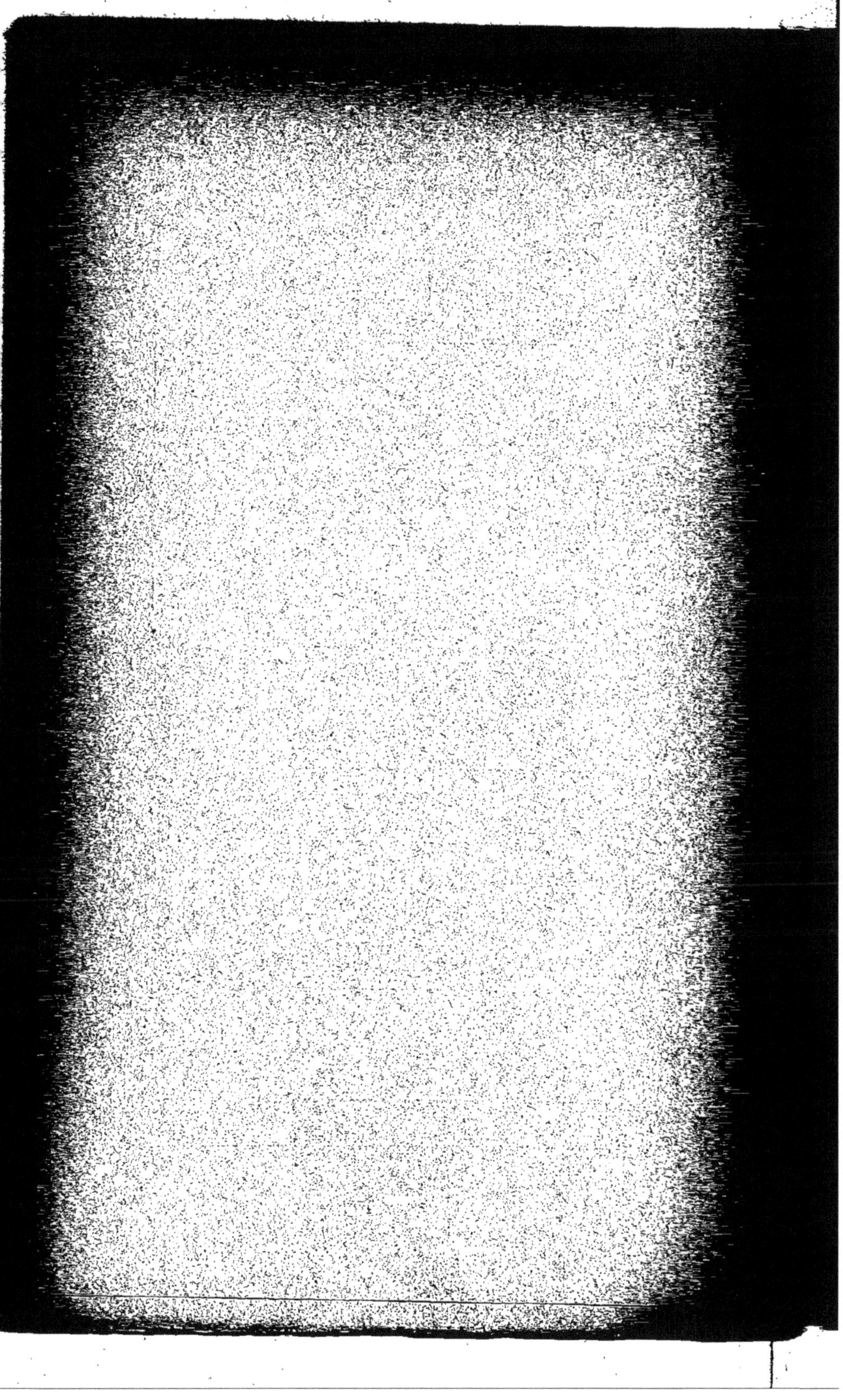

A. — Tableau faisant ressortir l'influence des facteurs ; races, conformation, engraissement, sexe, état de gestation, préparation a la vente, etc., etc., sur le rendement

NUMÉROS	SEXE	AGE	RACE	POIDS vif après 24 heures de jeûne	POIDS mort	CHAIRS	SUIF	QUALITÉ	POIDS des poumons, du cœur, de la trachée	POIDS des mamelles	POIDS des testicules	POIDS des estomacs	POIDS des mésentères	POIDS des intestins rectum	POIDS des foies, rates, pancréas	POIDS des peaux	POIDS des cornes et têtes	POIDS des pieds	RENDEMENT p. 100	DIVERS
				kilogr.	kilogr.	kilogr.	kilogr.		kilogr.	kilogr.	kilogr.	kilogr.	kilogr.	kilogr.	kilogr.	kilogr.	kilogr.	kilogr.		
21 avril.																				
218	V	7	Normande durham	880	518	25,200	25		11,500	»	»	84	3,200	40	11	44	9	10	64	
219	V	6	Normande	690	388	9,400	18		9	2	»	79	8	24,500	9,500	44,500	17	9	58	
202	B	8	Pays croisé Schwitz	740	418	5,200	17		9,750	»	»	100	9,100	22,700	12,200	54,500	83	13,300	56	
208	B	8	Pays croisé normand	670	395	[illegible]	13		11,100	»	»	101,200	9,500	28,600	9	54	28	11,400	58	
217	T	3	Manceau	680	440	6	»		10,500	»	2,600	80	4,500	22,200	11,800	18	21,300	9,200	61	
254	V	4	Pays croisé normande	466	234	7	14		7,300	7,700	»	73	6,700	24,500	8	30,600	14,500	8,150	58	(3 litres de lait).
255	V	4	Pays croisé Montbéliard	500	300	6	14		10,100	10,300	»	105	6,300	28,400	9,500	38	18,400	9,200	38	(1 litre de lait).
26 avril.																				
250	B	7	Charolais	960	627	17,200	22		12,500	»	»	101,200	14	24,200	13,100	54	27	18	58	
2 mai.																				
349	T	3	Fribourgeois Montbéliard	660	389	102,100	8		18	»	1,200	98	6	10,500	11	9,100	60	23	15	65	* + 1 kilos de crotte = 74.
344	B	7	Pays croisé Montbéliard	670	497	11,500	23		13	»	[illegible]	[illegible]	[illegible]	[illegible]	[illegible]	[illegible]	[illegible]	11	47	
393	V	3	Croisée charolaise	760	293	[illegible]	13		7	2	[illegible]	[illegible]	[illegible]	[illegible]	[illegible]	[illegible]	[illegible]	8,500	51	(1 veau 12 kilos. Poids du veau déduit 55,7).
374	V	6	Croisée charolaise	760	301	[illegible]	20		9,500	8,500	[illegible]	64	8	31	7,100	48	10	9,500	38	
10 mai.																				
76	V	9	Pays croisée Schwitz	416	234	[illegible]	16		8	3,300	»	89	4	21,150	6	8,300	42	18,400	7,700	45	(1 veau 26 kilos. Vache préparée pour la vente).
70	V	8	Pays croisée Montbéliard	416	440	[illegible]	14		11	4	»	89,500	8,500	24,850	9,300	9,300	68	10,500	8,400	46	
89	T	3	Montbéliard	840	513	11,500	20		10,700	»	1,700	89,500	9,500	22,500	9,100	9,400	28	10,500	10,300	64	
68	B	8	Pays croisé charolais	670	386	10,500	22		11,500	»	»	70,500	11,500	36,400	9,400	44,500	57	14,500	8,200	57	
29	B	9	Nivernais	770	643	15,500	24		15,700	»	»	80,900	24,180	40,500	14,800	58	14,400	16,500	63	
55	B	8	Charolais	1,040	645	23	20		18,740	»	»	86,200	89,700	36,500	12,300	55	25,500	14,300	63	
25 mai.																				
171	V	9	Manceau croisée normande	610	346	152,500	25		9	8,580	»	95,300	10,485	54,400	8,514	37	17	8,580	54	1 veau de 19 kilos.
172	V	9	Manceau	540	308	15	26		8,900	6,460	»	79	9,900	38,290	6,630	35	18,640	7	55	
185	B	8	Manceau	780	439	43	24		13,700	»	»	14,300	11,900	39,600	9,900	50	23	12	57	
2 juin.																				
334	B	10	Normande	620	311	5	13		12,500	7,400	»	103,500	13,700	41,200	9,800	45	18,200	9	50	
335	V	9	Normande	600	309	6	16		10,800	5,300	»	78,100	8,500	44	8,550	43	17,700	8,200	50	

OBSERVATIONS

L'influence de la race et de la conformation sont très manifestes : jetez un coup d'œil sur le tableau. Le n° 218 vache normande durham qui rend 58 p. 100. Le n° 245 normande pure, 59 p. 100. Le n° 250 bœuf charolais, 55 p. 100. Les n°s 95 et 96, 53 p. 100, sont tous animaux de race pure. Le n° 319 taureau pur fribourgeois, 61 p. 100.

Engraissement. — Si la vache n° 245 a donné un rendement de 58 p. 100, c'est qu'elle était parfaitement engraissée (25 kilos de graisse de rognons et 24 kilos de suif).

Race. — Le taureau à 3 ans rend autant qu'un bœuf de 7 ans. Le n° 319, 63 p. 100. Les bœufs de race rendent 55 et 58 p. 100, ceux de pays croisés 57, 58, 40 p. 100, tandis que les vaches de pays ou croisées rendent de 45 à 54 p. 100.

État de gestation. — Son influence est très marquée, la vache 304 croisée charolaise qui avait un veau de 42 kilos, aurait rendu 55,7 p. 100, au lieu de 51 p. 100. La vache n° 76 pays croisée Schwitz n'a donné que 43 p. 100. Ces deux vaches se montraient bien, elles avaient suffisamment de graisse de rognons et de suif.

Préparation à la vente. — Le tableau spécial des poches de ventres, vous donnera des indications précises à ce sujet. L'influence de la suralimentation est aussi très manifeste sur le rendement.

Mamelles et lait. — Le poids de ces organes, vaches n° 254 et 255, fait descendre le rendement de presque 2 p. 100. Cuirs. Remarquez que les animaux de race fine ou pure ont leur peau plus légère que ceux de race commune. La vache n° 245, qui pèse 690 kilos, poids vif, a un cuir de 44 kilos. La vache 304, qui pèse 550 kilos, poids vif, a une peau de 42 kilos.

Le bœuf 314 pays Montbéliard, qui pèse 870 kilos vif, a une peau de 59 kilos. Le bœuf n° 89 charolais, qui pèse 1.040 kilos, vif, a une peau de 61 kilos.

Les taureaux ont toujours la peau beaucoup plus lourde proportionnellement au poids vif. Le n° 219 qui pèse, vif, 690 kilos, a une peau de 60 kilos ; le bœuf charolais n° 89 qui pèse 989 (101 kilos de plus) ayant le même rendement en viande 61 p. 100, a une peau de 54 kilos.

Crottes. — Le rendement peut être influencé par la saleté de la peau. Sur celle du bœuf n° 314, on a recueilli cinq kilos de crotte. Certains bœufs de pays pesant une moyenne de 650 kilos portent jusqu'à 14 kilos de crotte.

Encore une autre remarque. Les animaux de race fine, qui sont en général mieux alimentés ont des estomacs moins lourds. Enfin, la tête et les pieds des animaux de race sont toujours plus légers.

BIBLIOGRAPHIE

PRINCIPAUX OUVRAGES CONSULTÉS

Traité d'Inspection des viandes de boucherie, L. BAILLET.

Manuel de l'Inspecteur des viandes, VILLAIN et BASCOU.

Hygiène pour Tous, Dr PAGÈS, docteur ès sciences, vétérinaire délégué.

L'Abattoir moderne, Dr MOREAU ex-vétérinaire sous-délégué (Villette).

Examen méthodique des ganglions lymphatiques des viandes de boucherie au point de vue de l'inspection des viandes, GODBILLE, chef de secteur à la Villette.

Le Frigorifique de l'abattoir de Dijon, CARREAU.

Construction des abattoirs, par MM. MARTEL, MALLET et OVERDO.

Précis d'Inspection des viandes, par M. PAUTET, chef de secteur.

Manuel d'Inspection des abattoirs et des viandes, GALTIER.

Inspection des viandes, par M. CARREAU de Dijon (collection Sudéac).

Police sanitaire des animaux. Inspection des viandes. Contrôle sanitaire du lait, par M. PIÈTHE, vétérinaire sanitaire de Seine.

Le taureau comme animal de boucherie, Dr PAGÈS.

Traité d'inspection des viandes, J. RENNES.

L'alimentation et les régimes. A. GAUTIER.

Traité des fraudes, de GÉRARD et BOUN.

Traité d'Inspection des viandes, par M. HUON et MONIER.

La Revue Pratique des abattoirs de Reims, ROUSSEAU.

Le Journal de la Société des Sciences vétérinaires de Lyon.

La Revue de l'hygiène de la viande et du lait, MARTEL.

Le Répertoire de médecine vétérinaire, LAQUERRIÈRE.

Traité des fraudes dans l'armée et le commerce du bétail, par RAYNAL.

L'Industrie frigorifique.

Moyen de dépister les fraudes alimentaires, F. ROTHÉA.

L'album-guide de l'Inspection des viandes et les abattoirs modernes français et étrangers, de M. AUREGGIO.

La valeur et l'importance de la viande, dans le ravitaillement des armées en campagne. Vétérinaire en second, MOURRET (*Revue vétérinaire militaire* du 31 mars 1910.)

Les boucheries militaires et l'alimentation du soldat. Fonctionnement et réflexions suggérées par le bilan de la boucherie militaire 1906, et 1909, RAYNAL.

TABLE DES MATIÈRES

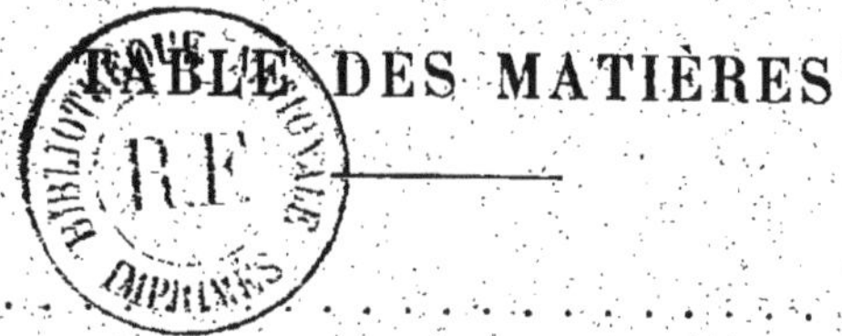

CINQUIÈME CONFÉRENCE

HUITIÈME CONFÉRENCE

ÉVREUX, IMPRIMERIE CH. HÉRISSEY, PAUL HÉRISSEY, SUCC^r

www.ingramcontent.com/pod-product-compliance
Ingram Content Group UK Ltd.
Pitfield, Milton Keynes, MK11 3LW, UK
UKHW021859070726
13613UKWH00001B/225